CÓMO ENSEÑAR TEATRO EN LA ESCUELA

Nelson Garzón

Cómo enseñar teatro en la escuela

© Nelson Garzón

© Cooperativa Editorial Magisterio
  Diagonal 36 Bis No. 20-58 Park Way - Soledad
  Bogotá, D.C. - Colombia
  PBX: (0571) 338-3605(06)
  www.magisterio.com.co

Libro ISBN : 978-958-20-1291-5

Primera edición: 2018

Catalogación en la publicación – Biblioteca Nacional de Colombia

Garzón, Nelson

    Cómo enseñar teatro en la escuela / Nelson Garzón.
-- 1a. ed. -- Bogotá: Editorial Magisterio, 2018.

    140 páginas; 24 cm.

    Incluye referencias bibliográficas.

    ISBN 978-958-20-1291-5

    1. Teatro - Enseñanza I. Título

CDD: 372.66 ed. 23

CO-BoBN– a1017794

CÓMO ENSEÑAR TEATRO EN LA ESCUELA

Nelson Garzón

A mis dos pequeños hijos, Nelson José y
Juan Diego, quienes me llevaron a pasear por
dulces nubes de algodón de azúcar y por una
mascotería llena de peces de colores.

ÍNDICE

INTRODUCCIÓN

En la Escuela Estadal Teodomiro Escalante, una escuela cuyo nombre y su comunidad son casi desconocidos en la geografía de Venezuela, la caries ha salido a amenazar a los dientes y estos se han defendido con flúor. Bolívar y Simón Rodríguez se han sentado a hablar de la educación, las figuras del pesebre han dialogado acerca del nacimiento de Jesús, los colores de la bandera han recitado una poesía, las nubes de lluvia ácida han perseguido a la tierra, las notas musicales han montado un baile, un árbol poeta lanza mensajes a los niños. Esto no es más que teatro escolar, una materia que en las últimas décadas ha venido cobrando fuerza como propuesta para experimentar nuevas posibilidades en los procesos de enseñanza aprendizaje, con alto componente pedagógico en las competencias que desarrolla el estudiante.

Cuando empezamos a revisar las diferentes propuestas contemporáneas de la educación, encontramos que coinciden en criterios como el desarrollo de habilidades intelectuales, habilidades sociales y el rescate de valores e identidad. Para ello, los contenidos curriculares proponen al docente el ejercicio de estrategias que permitan a los escolares asimilar estos objetivos; dichas estrategias han estado ahí por muchos años y se repiten por generaciones. Con el proceso de digitalización global de la cultura, la escuela viene perdiendo espacios importantes y estos objetivos se diluyen en el universo del internet.

El teatro representa una herramienta pedagógica para el desarrollo de estas competencias, involucra diversos actores del proceso educativo, promueve la participación de la comunidad, desarrolla el poder creativo de los educandos, se conecta con las diferentes asignaturas y disciplinas de la educación. A pesar que desde comienzos del siglo XX se vienen desarrollando experiencias importantes en el teatro escolar, aún queda un camino muy largo por recorrer en esta faceta del arte dramático.

El presente manual pretende acercar la disciplina teatral a los maestros y maestras que se aventuren a llevar esta propuesta como alternativa a los procesos educativos, también exponer a los profesionales de teatro la realidad de la escuela como escenario para el desarrollo de un arte dramático que en esencia sigue los mismos métodos y procesos, pero que posee una naturaleza distinta por las particularidades del publico receptor, los espacios de representación, el lenguaje, los actores y los objetivos que persigue.

Son muy pocos los profesionales de las artes escénicas que se desempeñan como profesores de teatro escolar, pues esto implicaría abandonar los escenarios convencionales del teatro para convertirse en facilitadores del aprendizaje en un recinto escolar. También, para un buen desempeño necesitarían de una formación que les provea de componentes pedagógicos para su accionar en este campo.

Por otra parte, los profesionales de la docencia tienen una formación muy precaria en el campo de las artes escénicas, si bien en algunos *pensum* figura el teatro como asignatura, este se cursa de una manera muy superficial, salvo algunas excepciones. De todas maneras, la pedagogía teatral comienza a tomar fuerza en algunos sistemas educativos latinoamericanos, con lo que surgen escuelas que preparan docentes en esta área.

La realidad es que resulta bastante complejo para nuestros maestros conseguir guiones adecuados a las necesidades y recursos de la escuela, por lo que tienen que aventurarse a escribir sus propios guiones e improvisar puestas en escena a pesar de desconocer la terminología y procesos del teatro. Por lo tanto este manual aspira acercar los profesionales de la educación al hecho teatral pero desde las realidades de la escuela y las teorías del aprendizaje. Así, se hace un esbozo de la terminología teatral, el teatro y la pedagogía, el estudio del guion teatral, el teatro escolar, la puesta en escena entre otros elementos. Siempre quedan aspectos por considerar, por esto es importante los aportes que puedan dar los maestros y maestras, los hacedores de teatro, considerando que hay muchos campos por investigar en esta materia.

También quiero agradecer los aportes del profesor Leonel García un docente que por más de veinte años ha trabajado en escuelas y liceos. En muchas conversaciones hemos coincidido en la necesidad de un material como el presente para elevar la calidad de nuestra educación y facilitar a los educadores y educadoras materiales que les permita aproximarse al teatro escolar.

CAPÍTULO I

Generalidades del teatro

¿Qué es el teatro?

Reconocemos en el teatro una disciplina social que permite abordar la realidad desde diversas lecturas. Es un arte porque busca el goce estético, las formas, el color, el ritmo. Es poesía en su lirismo, en su musicalidad. Una ceremonia que acompaña al hombre desde sus mitos y sus cultos a las deidades. La materialización dc la palabra escrita en la voz del actor en la corporeidad de los personajes: "El teatro es la poesía que se levanta del libro y se hace humana. Y al hacerse humana, habla y grita, llora y se desespera" García Lorca (1936).

Para definir un concepto de teatro necesitamos abordar amplios campos de las ciencias humanas, pero lo que se trata es de entender esta disciplina como un elemento importante en la cultura de una comunidad, como un espacio para comunicar y como un lugar de encuentro de la sociedad con su historia y su patrimonio. Podemos percibir el teatro desde diferentes ópticas de acuerdo a nuestro oficio y formación cultural. El caso es que desde las grandes urbes hasta los caseríos más pequeños encontramos una puesta en escena que nos lleva a un mundo de magia y color que nos permite reflexionar sobra nuestra realidad.

En su potencial comunicativo el teatro es un canal poderoso para llevar un discurso al sentimiento colectivo. Desde planteamientos filosóficos, política, religión, ecología, educación, comunidad, historia y el arte en sí mismo se lleva a escena en un sentido estético para el encuentro con el espectador. En esta dinámica se entablan diálogos entre actores y director y en el mismo público. Es decir, que el tema que se coloca en discusión es tratado en diferentes espacios antes y después de su representación lo que conlleva a esa reflexión que pueda producir cambios en actitudes de las personas. Así por ejemplo despertamos la conciencia ambientalista en las personas cuando representamos una obra de corte ecológico o abrimos un marco de discusión cuando se pone en relieve un tema como el aborto. En el teatro tenemos una enorme herramienta comunicacional que a pesar del auge de las tecnologías de información tiene un mayor impacto por el contacto directo con el público.

Cuando hablamos de teatro podemos también remitirnos al local, al sitio de reunión donde asiste el público a diferentes representaciones. Los griegos construyeron grandes teatros para sus representaciones. Recordemos el "Odeón" edificado en las faldas la acrópolis y el monumental teatro de Epidauro. Estas edificaciones podían albergar de 12.000 a 15.000 espectadores y no contaban con los recursos tecnológicos con los que contamos hoy en día; sin embargo, se daban grandes espectáculos teatrales. Es, sobre todo, durante el renacimiento que se construyeron hermosos teatros en Europa, vinculados más al espectáculo de la ópera con imponentes recursos escenográficos como el teatro La Scala de Milán, el teatro de la Opera de Paris, el Bolshoi en Moscú, solo por nombrar algunos. Así, en casi todas las ciudades estas edificaciones cobijan el quehacer artístico y cultural de sus comunidades y del país. Ir al teatro nos remite ir al encuentro con la magia, con la fantasía, con el deleite de los sentidos y del buen gusto.

Mientras el público se sienta en sus butacas a disfrutar el espectáculo, detrás del escenario hay un grupo de técnicos y trabajadores que complementan el trabajo de los artistas. Están los escenógrafos que ambientan el espacio para la representación de la obra, el técnico de iluminación que recrea atmósferas de acuerdo a los momentos que viven los personajes, los maquilladores que transforman los rostros de los actores, el técnico de sonido, el director, los artistas. Todos se complementan para entregar al público un buen espectáculo.

Teatro como expresión literaria y artística

El lenguaje literario es la expresión sublime de la palabra que recrea el espíritu de la humanidad. El texto se torna exquisito, para deleitar los sentidos del lector. El teatro emplea como forma de expresión escrita el diálogo, este se viste con la voz del actor que le imprime los matices para acariciar el oído del espectador. Autores como Sófocles, Eurípides. Shakespeare, Molière, Lope de Vega, Stanislavski, Artaud, Ionesco, Brecht entre una infinidad de autores, han aportado al campo de la literatura clásicos en el campo de las artes escénicas. Al igual que en el verso o la prosa, en el diálogo teatral se combina de matices con el uso de recursos estilísticos. La metáfora, el símil, la onomatopeya invade los sentidos del lector o del espectador. Porque en el teatro el texto es interpretado por el director, luego por el actor y finalmente por el público. La propuesta del dramaturgo gira en un gran círculo desencadenando a veces resultados inesperados. "El teatro es una mezcla de recursos lingüísticos espectaculares, o lo que es lo mismo, el texto literario se suma como un elemento más a los elementos escénicos pertinentes para conseguir un espectáculo completo" (Carrillo Carlos, s/f).

El texto teatral está provisto de una gran riqueza, debido a que en el mismo se incorporan versos, canciones, coros, narraciones… Tenemos, de esta manera, una composición escrita con muchas variaciones y que en el campo de la pedagogía favorece el proceso de aprendizaje de la lectura y el buen uso del lenguaje. Como expresión literaria, el teatro posee géneros de acuerdo a las características de su contenido y extensión, los cuales es oportuno que el docente reconozca:

La tragedia

Composición dramática de acción extraordinaria que genera terror y compasión. Se caracteriza por acciones violentas y desenlaces dolorosos.

La comedia

Representación jocosa de actos de la vida cotidiana que realizan personas de cualquier clase y condición, con lo que se muestran algunos conflictos de tipo moral que afectan a los hombres. Aquí, lo humorístico tiene carácter sorpresivo y debe producir risa y diversión en el público. Encontramos comedias de carácter, intriga y costumbres.

El drama

Proviene del griego *drao=* hago, ejecuto; corresponde a acción. La comedia y la tragedia se combinan para contraponer lo sublime y lo grotesco con un desenlace armónico.

El sainete

Es una composición de carácter jocoso, burlesco, con una gran fuerza realista y de extensión breve. Hace énfasis en las costumbres de los pueblos con un carácter sencillo y picaresco y una intensión moralizante.

La farsa

Es una pieza corta, dramática cuya intención es hacer reír. Exagera los caracteres de los personajes hasta distorsionar la realidad.

El entremés

Es una pequeña pieza teatral humorística con personajes populares, que busca entretener al espectador en los intermedios de los actos de una obra de mayor duración.

El auto sacramental

Texto de corte religioso y de personajes alegóricos cuyo tema es eucarístico.

Hay otros géneros del teatro como la ópera, la zarzuela, la opereta y la revista, en los que se combinan elementos de las artes visuales, la música, la danza y el mismo teatro. En general, el teatro combina todos estos elementos para entregar un espectáculo rico y variado. Si analizamos todas las artes que están presentes en esta disciplina encontramos:

La literatura, en el uso de los recursos estilísticos, el manejo del diálogo con giros en versos y narraciones emitidas por los mismos personajes. El lenguaje varía desde lo más culto -representado en personajes míticos y burgueses-, hasta el más sencillo, representado en personajes populares.

Las artes visuales las percibimos en la composición plástica de la escenografía. El uso del color, las imágenes que ambientan una escena para crear determinadas atmósferas, la imagen del afiche promocional, la presencia de la fotografía como recurso de registro y promoción, entre otros. El *performance* como manifestación que enlaza el teatro con el arte pictórico.

La música es primordial para ambientar estados de ánimo de los personajes y sucesos en la puesta en escena, y combinada con la iluminación genera estados de suspenso y emoción. La ópera en sí misma es una expresión musical del teatro.

La danza es un elemento expresivo que está presente en muchas puestas de escena, hasta llegar a convertirse en una modalidad del teatro denominada danza teatro. Las coreografías enriquecen el espectáculo con sus vestuarios, musicalidad, movimientos y vinculan más al espectador con los valores que promueve la obra en sí misma.

Modalidades del teatro para la escuela

La expresión teatral ha evolucionado en muchas tendencias y propuestas a la par de las nuevas corrientes artísticas y los procesos de sociedad postindustrial, en el marco del fenómeno postmodernista, caracterizado por un enorme auge de las comunicaciones y las redes sociales. Sin duda tenemos muchos más recursos para la puesta en escena de obras, gracias a los avances tecnológicos y el acceso a la información global. En este escenario se han extendido muchas modalidades del teatro que van desde propuestas con un amplio despliegue de tecnología digital, movilización de grandes estructuras hasta la fusión del teatro con otras disciplinas del arte contemporáneo.

La lista de modalidades en el teatro es bastante amplia, pero es necesario considerar las que pueden adaptarse más al ámbito escolar y sus recursos, tomando en cuenta que no todas las escuelas cuentan con un espacio exclusivo para el hecho teatral, de forma que las obras puedan ser representadas en el aula, en el pasillo de la escuela, en el patio principal, en el parque o en la calle de un vecindario. Este aspecto se detallará en las páginas posteriores y será de utilidad para los maestros que se aventuren en este campo de la cultura, para conocer aspectos de estas modalidades.

Teatro de escena

Entendemos por teatro de escena aquel que se realiza en un ambiente donde se puede controlar una escenografía con efectos de luz y sonido, y que generalmente se realiza en un auditorio, en la mayoría de los casos el espectador paga para acceder a la función. Esta es la modalidad más clásica del teatro. En las escuelas que cuentan con un auditorio se pueden hacer representaciones muy completas si se cuentan con los recursos de vestuario, iluminación, sonido y elementos escenográficos. Es común que la mayoría de nuestras escuelas no cuenten con estos recursos, entonces, el escenario puede ser la misma aula o se diseñan dispositivos para presentar las obras en un espacio abierto como un salón amplio o el patio central.

Teatro de calle

En esta forma de representación teatral como su nombre lo dice se desarrolla en espacios públicos como parques, plazas, paseos peatonales, vecindarios y centros comerciales. Los espectadores se incorporan al espectáculo de manera espontánea. Expresiones teatrales como la pantomima y el teatro de muñecos son idóneas para este tipo de espectáculos. En el teatro escolar resulta factible realizar este tipo de montajes por su fácil traslado a las comunidades. De esta manera la actividad teatral trasciende a las paredes de la escuela, y padres y representantes pueden disfrutar del talento de sus hijos en ambientes diferentes al recinto escolar.

Teatro de muñecos

La magia del títere se utiliza desde la edad antigua para entretener y educar a grandes y chicos. Esta modalidad del teatro comprende todas las posibilidades en el trabajo con muñecos que varían en su tamaño, material y técnica. En algunos casos su manejo puede llegar a ser complejo por la utilización de artificios mecánicos o según la técnica que se emplee. El títere tiene sus variaciones que van desde el títere de guante, el títere de varilla, el marote y las marionetas, se pueden fabricar de muchos materiales, incluyendo material para reciclar. En la escuela, el títere debe ser lo más simple en su confección y manejo, debe estar al alcance de los niños y en su confección deben utilizarse materiales accesibles. En las primeras etapas de la educación, el muñeco es una herramienta fabulosa para enseñar y aprender. Con su magia atrapa la atención de los espectadores más pequeños, pero no deja de cautivar también a los grandes con su simpatía.

Pantomima

Ésta radica su acción en la expresión corporal, es el lenguaje de la mímica, donde el canal de comunicación es el cuerpo. Se llama mimo a quien materializa este género, el mimo renuncia al uso del lenguaje hablado en su actuación. Para el desarrollo motriz de los niños este arte resulta un fabuloso recurso, además de recrear y reconocer su cuerpo. Pueden llegar a montarse piezas sencillas con los niños acompañados de un fondo musical. Tanto los niños como los adolescentes disfrutan mucho este tipo de trabajos porque les permite fantasear detrás de su maquillaje y atuendos particulares.

Danza teatro

Consiste en la unión de la danza genuina y los métodos del teatro creando una forma de expresión única con referencia a la realidad. Generalmente no hay un discurso narrativo y presenta situaciones escénicas referidas a los conflictos humanos. Estimula al espectador a identificarse y reflexionar sobre ciertas líneas de pensamiento. La música, la iluminación, la escenografía, el vestuario, las acciones físicas logran un espectáculo cautivador. En preescolar se puede implementar con canciones infantiles y la asistencia del docente de danza, en conjunto con el profesor de teatro, y se logran muy buenos resultados con los niños pequeños. Se facilita para esta edad, porque los niños no necesitan memorizar textos y les resulta placentero participar en un acto acompañado con música. Para los muchachos y muchachas de secundaria también les es placentero este tipo de presentaciones, incluso ellos mismos toman la iniciativa de dramatizar canciones de su gusto, llenas de gran emotividad.

Teatro de sombras

Esta expresión, también conocida como sombras chinescas, se logra interponiendo las manos u otras siluetas entre una fuente de luz y una pantalla o pared donde se reflejan las manos o figuras en movimientos que nos remiten a personajes y figuras fantásticos. Se pueden elaborar títeres de papel, cartón o cuero para representar los personajes. En la escuela esta expresión une el trabajo manual, para la elaboración de las figuras y el teatrino, la elaboración de los textos y la representación de las obras que se pueden realizar en las mismas aulas y que los niños disfrutan enormemente. Es una manera fantástica para representar cuentos y narrarlos a los más pequeñitos de la escuela.

Radio teatro

Es una escenificación que se transmite por radio. Debido a la carencia de componentes visuales, esta expresión depende de los diálogos, la música y los efectos de sonido para ayudar a que el oyente imagine la historia. En Venezuela con la implementación de las emisoras comunitarias se han dado experiencias muy significativas en trabajos con las escuelas. Estos espacios son idóneos para el desarrollo de potencialidades en el campo de la escritura de guiones, permite que el niño mejore su lenguaje, pierda el miedo escénico y desarrolle su imaginación.

Esta modalidad remite a las series y personajes de aventura que se transmitían por radio, el oyente se sumergía en los paisajes y la trama guiado por los efectos de sonidos y las voces de los personajes. En el teatro escolar es idóneo para representar leyendas y tradiciones locales, realizar campañas de salud, representar personajes y acontecimientos históricos, entre otros. En los casos en que no se pueda recurrir a la emisora, se puede improvisar con los altavoces de la escuela o con grabaciones que luego sean transmitidas en las aulas.

CAPÍTULO II

Teatro como herramienta pedagógica

El potencial educativo en el teatro se puede apreciar desde sus orígenes, desde la enseñanza del mito religioso y las tradiciones orales. Así, lo evidenciamos al revisar las obras de los dramaturgos griegos o las representaciones orientales de China, India y el Tíbet con una gran carga religiosa e ideológica. Lo mismo sucede en la edad media donde el teatro cumple una función didáctica envuelto en imágenes místicas para transmitir la doctrina de la iglesia a un pueblo que en su mayoría era analfabeto. La misa se concibió como una puesta en escena, con actores y una gran cantidad de público asistente. "Surgió así con el drama litúrgico una nueva corriente teatral que se mantuvo a lo largo de los siglos hasta el presente" (Mane, 1977).

De esta misma forma se manifiesta el teatro en Venezuela y otros países latinoamericanos durante el periodo de colonización, con representaciones del Corpus Christi, los Reyes Magos y algunos autos sacramentales. En una investigación que realizó Enrique Suarez, del departamento de teatro infantil de la Universidad Central de Venezuela, consta que desde 1671 se realizaban obras de títeres, de lo que se deduce que esta actividad iba dirigida a los niños con fines didácticos. De esta fecha hay documentos en los que la Iglesia prohíbe las actividades profanas, como la representación de títeres. Estas evidencias afirman la vinculación del hecho teatral con el hecho educativo desde la historia antigua.

Un antecedente importante que remite a la acción del teatro como herramienta pedagógica directamente en la escuela, corresponde a Caldwell Cook en Cambridge (Inglaterra), quien implementó la representación de cuentos y fábulas como estrategias de enseñanza aprendizaje. En su libro *The Play Way* (1917), plantea la utilización del teatro como medio lúdico y educativo para el estudio de las diferentes asignaturas de la escuela. Para ello, se sustenta en los métodos heurísticos de Dewey, "aprender haciendo", cuyos postulados toman gran fuerza a lo largo del siglo XX y se implementan en los sistemas educativos de todos los países.

La experiencia es puesta en práctica por otros maestros al finalizar la segunda guerra mundial y la adoptan otras agrupaciones que visitan escuelas llevando coloridos espectáculos. Es muy reconocida la trayectoria del *Belgrade Theatre* que se convierte en una referencia importante del movimiento del Teatro en la Educación en Europa y occidente. En los años sesenta con el avance de nuevas teorías educativas la pedagogía teatral toma mayor fuerza, y en nuestro continente se adoptan estas experiencias con la finalidad de propiciar transformaciones educativas.

En Brasil el teatro es incorporado al sistema educativo para cumplir diversas funciones propias de los estatutos de la contemporaneidad en la cual se activan alarmas por la pérdida de valores, la mecanización de la cotidianidad, el individualismo, la transculturización y el desarraigo por el entorno. En este contexto el teatro se aparta de la industria del espectáculo y se integra a la escuela como un modelo de trabajo cooperativo, como un espacio de encuentro y comunicación. Como un elemento para despertar consciencias.

Para el sistema educativo del Brasil, el teatro en la escuela permite dar importancia al *yo*, a su cuerpo y mente, que permite al estudiante identificarse con su comunidad y con sus valores. Involucra no solo a los niños, sino también a las personas de tercera edad, a los trabajadores, a los empresarios, a los vecinos. "En la pedagogía teatral contemporánea esa función irá a dispersarse al pretender la transformación del ser humano por medio de la práctica teatral: una especie de inversión del proyecto Stanislavskiano" (Icle, 2010). Este maestro del teatro ruso propone un análisis crítico del actor, centrado en una disciplina y ejercicio constante del mismo, desde la perspectiva de la pedagogía teatral, y separando el teatro como espectáculo, del teatro como disciplina para la transformación del ser humano.

Chile, en las reformas educativas realizadas a partir de 1990, entiende que la educación es el eje de desarrollo, y su principal prioridad como país. En este sentido, el estado promueve una serie de acciones encaminadas a mejorar el nivel educativo en condiciones de igualdad y calidad. En estas reformas se incluye el teatro dentro de su sistema curricular como una alternativa estratégica que integra el aprendizaje, que motiva la enseñanza, facilita la expresividad, fortalece experiencias creativas. La pedagogía teatral es vista como un elemento que centra su campo de enseñanza en el desarrollo afectivo del individuo, con dirección a contribuir en el proceso de aprendizaje.

De acuerdo a Rosemary Lagos (2011) la pedagogía teatral está inserta en el sistema educativo chileno en tres campos de acción:

— Al interior del sistema educativo como herramienta pedagógica en otras materias y/o como materia en si misma llamada expresión dramática o dinámica, pretende lograr un desarrollo integral de los escolares en cuanto a sus aptitudes y sus capacidades para contribuir a formar personas integras y creadoras.

— La dimensión terapéutica en donde el teatro se articula como apoyo social y en donde el teatro no constituye un fin en sí mismo, sino que trabaja con las áreas impedidas del campo físico o psíquico de las personas, ayudándolas a comprender su limitación para revalorarse e intervenir socialmente desde su diferencia.

— Al exterior del sistema educativo como taller de teatro extra-programático que posibilita la participación creativa, contribuye al desarrollo y a la realización individual, enriquece los códigos de comunicación y brinda nuevas formas de establecer una interacción entre los alumnos y la comunidad; todo lo anterior mediante la preparación y presentación del montaje teatral.

El hecho de que el sistema educativo chileno abra un espacio para emplear el teatro como estrategia para dinamizar el hecho educativo, evidencia los alcances del teatro en la escuela. Se acuña el término "pedagogía teatral" que en muchos ámbitos educativos es nuevo, pero que se viene aplicando desde comienzos del siglo XX en Europa. En estas últimas décadas este concepto comienza a cobrar fuerza, como en el caso de Brasil y de manera más sistemática en Chile, donde se oferta a nivel de educación superior especializaciones en esta materia. Quiere decir que hay resultados positivos en la aplicación del teatro como herramienta pedagógica en su sistema educativo y que debido a esto se empiezan a formar docentes con un perfil definido que accione desde el teatro procesos cognoscitivos en relación con los contenidos curriculares y extracurriculares.

En otros países latinoamericanos estas iniciativas son aisladas. A pesar de las propuestas de educadores que se han especializado en el teatro escolar con experiencias muy significativas, estas propuestas son consideradas como actividades complementarias para la posibilitar espacios de creatividad de los estudiantes. En Colombia por ejemplo hay una gran tradición del teatro. Heladio Moreno ha impulsado esta idea en varias de sus publicaciones, en este sentido afirma: "La actividad teatral facilita el proceso de enseñanza de los discentes, en tanto que permite jugar con los elementos de la jornada diaria, es decir, poder hacer un poco más amena la clase porque hay elementos del teatro" (1996). Al igual que este autor en este país hay otros autores y estudiosos del hecho educativo que impulsan la pedagogía teatral como un método innovador de la enseñanza.

Un autor que es de referencia en el teatro infantil es Germán Berdiales, de nacionalidad argentina; sus obras cortas se han presentado en muchas escuelas de nuestro continente. Seguramente en Argentina, el teatro escolar ocupa un espacio importante en su sistema educativo, al igual que en las demás naciones de nuestro continente. Con los avances en las tecnologías de información y los tratados entre los gobiernos suramericanos, las distancias se acortan y cada vez se unen más voces a favor de una educación humanizadora, que reconozca nuestros valores ancestrales y que forme ciudadanos creativos, corresponsables, críticos, respetuosos de nuestra biodiversidad, al reafirmar nuestras identidades y los valores de justicia social. En este espíritu se circunscribe el teatro escolar, como un auxiliar que establece nuevas formas de comunicarnos y que rompe con la monotonía de los sistemas educativos tradicionales.

En Venezuela, autores como Álvaro del Rossón, Morita Carrillo, Alarico Gómez, Efraín Subero y el inolvidable Aquiles Nazoa, son algunos de los dramaturgos que han ocupado en su obra espacios para el teatro infantil. Sin embargo, el teatro escolar ha tenido muy poco desarrollo en nuestro país debido a que nuestros docentes tienen muy poca preparación en esta materia y el teatro como unidad curricular prácticamente no aparece en los programas de nuestras escuelas de educación. No obstante, gracias a las medidas que ha tomado el gobierno en los últimos años, los espacios para el desarrollo de actividades artísticas en nuestras escuelas se han abierto, dando la oportunidad de que muchos creadores se sumen al sistema educativo y hagan presencia en nuestras escuelas. Esto aunado a la aprobación de la nueva Ley Orgánica de Educación está permitiendo generar experiencias importantes en materia del teatro escolar.

El profesor Igor Martínez ha realizado un importante trabajo pedagógico desde el teatro con varias publicaciones. Afirma: "cuando el docente recurre al teatro como una herramienta pedagógica, democrática y cooperativa, incentiva la responsabilidad, el respeto, y la tolerancia de sus alumnos y alumnas, por lo que estaría determinando un medio idóneo para fomentar estas actitudes en el grupo" (2010). Como este autor, en Venezuela los hacedores de teatro vinculados a la acción de la escuela comienzan a explorar este terreno y generar experiencias que se muestran en diferentes encuentros y festivales regionales y nacionales. Con el teatro en la escuela se ha impulsado el afecto por nuestras tradiciones, profundizado en nuestra historia y dinamizado nuestras comunidades educativas.

Desarrollo del teatro escolar

En sentido general podemos afirmar que el teatro escolar no ha tenido un desarrollo importante en la mayoría de nuestros países latinoamericanos. Con las experiencias que se han dado, se demuestra que esta disciplina en la escuela permite dinamizar el proceso educativo y abrir nuevas perspectivas que promuevan valores e incentiven la creatividad. Existen varios factores por los cuales aún esta propuesta no toma suficiente fuerza, y en la mayoría de los casos, es vista simplemente como una actividad complementaria que promueve la recreación y sirve para los actos de la planificación escolar.

Una de las causas del poco desarrollo del teatro escolar consiste en la poca cantidad de profesionales, tanto del mismo teatro, como de la educación que se dedican a esta materia. Las artes escénicas en la actualidad tienen un panorama de experimentación muy amplio y son muy pocos los artistas del teatro que se orientan hacia el campo educativo. Ejercer el rol de docente en la escuela requiere de convicciones y principios muy firmes. Exige un compromiso con la sociedad, con el país. El docente es el eje de la transformación social y necesita estar dotado de herramientas que le permitan afrontar los continuos cambios del mundo actual. Por otra parte, se requiere de una vocación especial para educar y comprometerse con los principios de la educación. Luego, son pocos los hacedores culturales que poseen esta vocación. Su espíritu de libertad les impide laborar por largo tiempo tras las paredes de un recinto escolar. Por otra parte hay que entender el teatro como espectáculo, como producto de la industria cultural que dista de la realidad educativa cuyos objetivos están enfocados a la producción de puestas en escenas y de investigación en el mismo género.

Algo curioso es que los primeros contactos con el teatro que tiene casi toda persona suceden en la escuela, no obstante, en la misma escuela poco se conoce de autores y obras teatrales. Estas experiencias suceden, en su mayoría, de manera empírica por la iniciativa entusiasta de algún docente o por el contacto con algún hacedor teatral. Lo cierto es que nuestros maestros no poseen una formación en el campo teatral. En su proceso de profesionalización deben cursar una cantidad de asignaturas vinculadas con los procesos de la conducta humana, la planificación educativa, la evaluación y materias básicas del currículo escolar. En este escenario se esboza de manera muy superficial la educación artística. Aquí se mezclan todas las manifestaciones en un solo paquete y al final es solo un requisito que se cumple para escalar al siguiente semestre de la carrera.

Según Araque, (2009) "La educación artística en nuestros países no es prioritaria, no es importante, pues no satisface las necesidades fisiológicas primarias y sin ella se puede subsistir".

Al no existir dentro de la formación teatral una especialidad para la formación de recursos humanos en el área de la educación, con un perfil definido que le permita accionar dentro del proceso educativo inserto en las políticas educativas del estado. También, con la preparación precaria de nuestros docentes en esta materia es lógico que esta disciplina, vista como una alternativa innovadora en la educación, tenga poco desarrollo. La propuesta es que desde la escuela del teatro se abran puertas para atender esta área o que desde las escuelas de educación se formen maestros con esta especialidad, tal como sucede en Chile con la maestría en pedagogía escolar y la inserción de esta propuesta en el sistema curricular de la educación formal.

Otro aspecto importante para analizar consiste en los pocos textos de teatro escolar disponibles. En las bibliotecas escolares encontramos muy buenas obras de teatro infantil pero muchas veces descontextualizadas con la realidad cultural del país o con requerimientos para su producción muy costosos y difíciles de concretar. Los textos suelen ser muy largos, con términos complejos para el manejo del lenguaje del niño. A esto se suma el hecho de que hay muy pocos autores de teatro escolar.

Teatro escolar, teatro infantil

La cuestión es dilucidar si es lo mismo teatro escolar o teatro infantil. ¿Qué diferencias podemos encontrar en uno u otro?, al final el destinatario va a ser el niño o niña y, por lo general, el ámbito de representación de obras siempre termina siendo la escuela. Por ello, al respecto algunos autores no aceptan la división entre literatura infantil o literatura escolar. Efraín Subero (1977) afirmó: "me parece que nuestra escuela ha errado al aceptar y entronizar esta división. Porque ha hecho que al utilizar la literatura infantil se desestime el inmenso que toda expresión literaria significa y se le reduzca a material de diversión y relleno". Pareciera que cuando un texto se encuadra en el ámbito escolar perdiera su belleza o calidad estética. Hay que recordar que la literatura expresada, aún misma en el texto dramático, exalta la belleza de la palabra y de nuestro idioma, y no tiene por qué perder valor en la escuela; al contrario se fortalece porque contribuye a la formación de nuevos valores y se mantiene viva por generaciones.

Ahora, la escuela requiere de obras que cubran las expectativas del proceso de enseñanza aprendizaje y, en algunos casos, debe ser más específica y de carácter didáctico, de manera que permita abordar temas de historia, geografía, ciencias, valores y tradiciones. No por ello estos textos deben carecer de ritmo, color e imágenes que conformen su contenido estético, y más cuando es interpretado por niños, donde se exalta lo bello del espíritu humano.

> [...] cuando la literatura se junta con un todo armónico, con lo recreativo y lo didáctico, entonces no solo sirve para el disfrute y hasta para la enseñanza de la historia y la geografía... sino para elevar la condición humana y recordar al hombre su condición de hombre y al niño lo hermoso de ser niño (Subero, 1977).

Es decir, que el texto de teatro escolar debe estar provisto de valores y principios que eleven lo bello del pensamiento humano, y de elementos que conlleven al enriquecimiento de los conocimientos que imparte la escuela.

El teatro escolar no deja de ser infantil. Es escolar porque se representa en la escuela y se funde con los valores que promulga la misma. Cuando este ejercicio se realiza fuera de este ámbito, promovido por compañías teatrales, fundaciones o casas de la cultura, entonces podremos remitirnos al teatro netamente infantil.

También podemos afirmar que no todo el teatro que se titula como "teatro escolar" fue pensado o escrito para desarrollar en la escuela. Esto lo podemos constatar cuando revisamos la bibliografía existente en nuestras instituciones escolares. El docente que sin ninguna experiencia teatral se atreve a hurgar en esta disciplina con la finalidad de recrear algún aspecto de la educación, queda frustrado cuando se consigue con la escasa bibliografía teatral, y con obras cuyas escenografías son prácticamente imposibles de concebir, además de textos muy extensos, planos y desabridos, personajes acartonados y grises, obras extensas divididas en varios actos y cuadros.

También es difícil conseguir teatro que aborde nuestra realidad histórica, cultural y social. Muchos textos son de excelentes autores extranjeros y sus obras encajan mejor en agrupaciones de teatro infantil, por la extensión de los trabajos, los recursos que exigen dichas obras y los costos de producción. Son muy pocos los textos de autores venezolanos y es difícil la publicación de los mismos. Al respecto, dice también Subero:" en primer lugar debe señalarse que si no abundan los autores, tampoco abundan los editores. Por lo general, en Venezuela los creadores de literatura infantil tienen que costear la impresión de su obra" estas reflexiones las hace este célebre escritor venezolano en un acto celebrado en el Palacio de las Academias en mayo de 1977. En la actualidad, esta situación ha cambiado un poco en Venezuela con una importante red de imprentas y las políticas del Ministerio de la Cultura. Pero aún son pocos los autores de teatro escolar en el país, y los maestros tienen dificultades para encontrar obras adecuadas para la representación en la escuela.

En nuestras escuelas se necesita un teatro que se adecúe a las necesidades del maestro, del niño, del aula. Un teatro que no necesite del despliegue de grandes recursos en vestuario y escenografías. Que sus textos sean cortos, con ritmo, con versos, canciones, refranes, coros hablados, con picardía, con gracia, con humor. Los maestros de nuestras escuelas necesitan obras para exaltar nuestros valores patrios y nuestros héroes nacionales. Necesitan obras para mostrar a los niños la importancia de los alimentos, la importancia del deporte. Obras que despierten el afecto a su comunidad, el respeto por la naturaleza, el amor por su patria. Un teatro que le permita entrar en las aulas a Gallegos, a Reverón y Soto con su cinetismo, a Teresa Carreño con su piano, a Aquiles con su magia en los diálogos con el cochino. En fin, un teatro fácil, al alcance del niño y adecuado al hecho educativo.

CAPÍTULO III

Enfoques de la educación y el teatro escolar

Se han realizado diversas reformas educativas en las que se plantea la educación como una práctica de la libertad, la transversalidad de la educación, la interdisciplinariedad, la multiculturalidad en el proceso educativo, la apertura de espacios no formalizados en la educación. Esto con la finalidad de lograr alumnos que se asuman como sujetos del conocimiento y superen la posición pasiva de la educación tradicional como meros repetidores de datos, la formación de estudiantes críticos, reflexivos capaces de transformar su contexto. Las prácticas educativas en la sociedad de la información apuntan a un ejercicio pedagógico que parta de saberes y experiencias en el ámbito local como ciudadanos del mundo. "el arte es una pedagogía realmente populizadora de los conocimientos" Lens (2001) Si bien tomamos aspectos de la educación, positivista, constructivista, o los ensayos de la educación humanista o la pedagogía critica, en cada uno de estos ámbitos el teatro resulta una poderosa estrategia educativa para desarrollar potencialidades.

Los sistemas educativos en Latinoamérica siempre han sido cuestionados porque no han estado a la vanguardia del desarrollo tecnológico, porque obedecen a líneas de pensamiento contrarias al espíritu de nuestras naciones, porque han sido recetas que se han aplicado a nuestros pueblos y cuyo resultado ha sido una sociedad individualista, centrada en el consumo. A pesar de que los datos de CEPAL muestran un incremento del acceso a la educación a partir de los años noventa, persisten amplios grados de desigualdad en las poblaciones de los países más pobres. El acceso al conocimiento ha sido limitado, pero con el desarrollo de las tecnologías de información este factor se ha equilibrado un poco.

La sociedad contemporánea es denominada como la sociedad del conocimiento. Para Peter Drucker, en su obra *La sociedad postcapitalista*, el verdadero recurso dominante y factor de producción absolutamente decisivo no es el capital ni la tierra, sino el conocimiento.

Hasta finales de los ochenta antes de aparecer el fenómeno de la globalización, los seres humanos podían vivir con un bajo nivel de conocimiento. El cambio ha sido acelerado y para el futuro próximo quien no disponga de una buena educación estará limitado a llevar una vida de duros trabajos y pobreza extrema. "En cierto sentido las escuelas están llamadas a jugar un papel nuevo en el siglo, el papel que jugaron las fabricas al comienzo del siglo que muere, pues el saber se constituye en el bien de consumo más valioso" Pérez Esclarín (1998). La fábrica represento el eje de desarrollo de las naciones industrializadas a comienzos del siglo XX, corresponde ahora a la escuela ser el punto de transformación y desarrollo de las sociedad contemporánea.

Estas reflexiones nos llevan a orientar nuestros sistemas educativos dentro de un esquema que promueva la construcción social de los conocimientos, que permita desarrollar el potencial creativo de los seres humanos, que impulse la integración latinoamericana y del Caribe, que forme para el trabajo liberador con una perspectiva integral a través de políticas de desarrollo humanístico, tecnológico, científico…, con vinculación al desarrollo endógeno de nuestras regiones. Desde estas realidades el teatro en la escuela es una poderosa herramienta para activar nuevos procesos de enseñanza en la escuela. "No hay practica sin teoría posible, y en el teatro finalmente todos se reduce a algo práctico y aplicable y en la escena, sino estaríamos ante una verborrea inútil y perversa". (Araque, 2009)

Desde la óptica de la pedagogía critica, el maestro anima a sus estudiantes para que generen respuestas liberadoras tanto a nivel grupal como individual, que conlleven a cambios en las condiciones de vida actuales. Cuando el docente elige un texto teatral que ambienta una temática determinada, se abren espacios de discusión. La obra siempre se ubica en un tiempo y en un contexto; sobre estos tópicos giran los personajes. A lo que surgen las preguntas ¿cómo era ese tiempo?, ¿cómo vivía la gente?, ¿qué representa tal personaje?, ¿en qué lugar ocurren los hechos?, ¿cómo hacer la representación? El tema se aborda desde la realidad que viven los personajes. Entonces se activa la imaginación y se empiezan a obtener diversas respuestas creativas sobre los mismos personajes y sobre lo que trata la historia que se quiere contar en escena. Allí comienza a generarse una reflexión crítica del mundo que rodea al estudiante.

En este mismo enfoque de la educación el diálogo es un elemento central que se contrapone al autoritarismo presente en nuestras instituciones educativas. Para Freire "el diálogo es el lenguaje de la esperanza, de los sueños posibles y de los caminos realistas", el diálogo es una fuerza que integra, que problematiza y obliga al estudiante a encontrar salidas posibles al problema. El diálogo es la expresión natural del teatro. Los personajes interactúan a través del mismo. El diálogo que está impreso en el guion empieza a ser parte de la cultura del escolar. Se enriquece su vocabulario, utiliza la pausa, las entonaciones, adecúa la voz de acuerdo al contexto de la conversación o el estado anímico del personaje. Pronto el estudiante descubre que estos diálogos que parecen una ficción corresponden a la realidad de su cultura, de su comunidad. El docente debe estar atento a las dudas que se generen y resolverlas de manera colectiva. Cada niño o niña dará un aporte importante hasta aclarar el término extraño que no se entiende o lo que quiere decir una frase de determinado personaje. Esto favorece el juicio crítico de los estudiantes y les va a proveer una mayor seguridad en sus argumentos.

En las obras de corte histórico se representan acontecimientos o personajes que el niño o niña reconocen en sus libros de texto. En las referencias y actividades que planifica el docente para cumplir con el objetivo propuesto, cuando el personaje es representado antes de su puesta en escena debe existir un proceso de diálogo sobre el personaje, es decir, sus características físicas, su carácter, su posición social, el papel que desempeña en la obra. No tiene sentido que el estudiante memorice un texto para luego recitarlo de manera vacía y sin sustento. Cuando el niño actor se identifica con el personaje le imprime a este emoción, dinamismo y contextualiza este personaje con su realidad social. En el trabajo de mesa que es una actividad preliminar a la puesta en escena el diálogo es fundamental. Allí se aclaran dudas, se enriquece el texto. El escolar aprende a expresar sus opiniones y puntos de vista, a respetar las otras opiniones. El aprendizaje se hace dinámico aplicando los postulados educativos de "aprender a aprender", "aprender a crear", "aprender a valorar y construir".

Valores como la responsabilidad social y la solidaridad son principios básicos para la formación ciudadana. Los saberes del pueblo representan el patrimonio fundamental de nuestras identidades. Con la educación liberadora se fortalece la democratización del saber. La escuela es un espacio para el saber comunitario y la comunidad es el centro del quehacer educativo. Los contenidos curriculares se vinculan con la cultura de la comunidad. De esta manera se reconocen las problemáticas que afronta la misma, su historia, su patrimonio.

El teatro escolar va a la comunidad y le muestra su cultura. Indaga sobre el pasado de la misma y lo coloca en escena.

Entonces los vecinos, los estudiantes y los profesores trabajan mancomunadamente en la producción de la obra. Resulta que si en determinada comunidad ha existido una producción de hamacas en tejido de hilo, el profesor de teatro junto a sus estudiantes recoge la información de los cultores de esta expresión artesanal. Luego esto es llevado al texto teatral. Los padres colaboran en la confección de los trajes, los elementos escenográficos y con la puesta en escena de la obra, la comunidad se reconoce a sí misma y se operan críticas en función de fortalecer en este caso la producción de las hamacas mencionadas. De esta manera se está valorando el trabajo de la comunidad en que la escuela está inmersa, se posibilitan espacios de participación y comunicación, se reconocen los valores patrimoniales de la misma y se integra de manera activa y espontánea la comunidad y la escuela.

En las nuevas propuestas educativas bien sea desde el construccionismo, el humanismo, la pedagogía critica, el constructivismo coinciden en desarrollar competencias de pensamiento crítico en los alumnos. Lo que se trata es que el niño o niña empiecen a cuestionar los bloques de contenido en el diseño escolar, que tenga la capacidad de producir sus propios conceptos al comparar la información que el maestro le facilita o que el mismo estudiante recoja en sus experiencias de aprendizaje. Eines y Mantovani (1997) en su libro "didáctica de la dramatización" proponen una serie de roles que desempeña el estudiante en los procesos del teatro escolar. El alumno puede ser desde autor, actor, escenógrafo, espectador y crítico. El ejercicio de estos roles en la clase les permite plantear ideas, recrear situaciones, proponer soluciones, autoevaluarse. Las propuestas deberán estar argumentadas con la ayuda del profesor que sirve como mediador evitando desorden y críticas negativas.

Visto desde este enfoque, se le debe dar oportunidad al niño de observar, organizar y proponer líneas para la puesta en escena de un trabajo. Ya no se trata de la imposición de un texto y unos personajes los cuales debe representar según los criterios del profesor. Cada uno da un aporte a la obra y se suman sus voluntades para terminar en la puesta de escena. En estos procesos los estudiantes experimentan un enriquecimiento de su lenguaje, seguridad en sus propuestas, una visión particular de las temáticas que aborde la obra, un juicio crítico sobre la forma como se llevan los procesos de ensayo y producción. Cuando el montaje se hace sobre una obra ya escrita igualmente se pueden delegar roles en los niños y niñas y la obra puede sufrir cambios sin que necesariamente cambie su estructura principal.

Esto en línea con las teorías de la educación, lleva a la práctica postulados que en la mayoría de los casos el docente no conoce a profundidad. El desarrollo de estas competencias obviamente que va a traer cambios positivos en el rendimiento escolar en relación a las asignaturas curriculares porque el niño va tener mayor capacidad de abstracción y procesamiento de la información, su lenguaje se habrá enriquecido y estará más dispuesto a preguntar, opinar y escribir.

En el juego dramático se ponen en prácticas procesos que desarrollan la imaginación y la creatividad. Todas las propuestas y teorías de la educación abogan por que se desarrollen en la escuela actividades que promuevan la creatividad. Las asignaturas en el área de artística no suelen tener el alcance suficiente debido al poco dominio que por lo general tiene el docente de aula en estas actividades. Con la presencia de los docentes especialistas en las diferentes disciplinas artísticas se logran espacios para el desarrollo de talleres y experiencias que involucran a los niños en el ámbito creativo. Lo importante es darle al estudiante la oportunidad de expresar sus creaciones que se manifiestan sobre todo en el área del dibujo. Ahora bien, en el caso del ejercicio dramático la imaginación es un elemento fundamental y permanente para canalizar experiencias que conlleven a propuestas escénicas, fortalezcan el talento de los estudiantes y les ayude a vencer inhibiciones y miedo escénico. En el juego dramático un palo de escoba puede ser un caballo, una lanza, un bastón, una espada, un remo, un cetro, una vara mágica, el objeto se desincorpora de sus funciones lógicas para transformarse en una herramienta para acceder a la magia y la fantasía.

Los ejercicios de actuación le permiten al niño y niña personificar animales, personajes fantásticos, estados de ánimo, objetos, ejercer roles. En el uso del lenguaje verbal se practican voces, trabalenguas, cantos, poesías. En el texto escrito se pueden crear historias, poemas, cuentos dramatizados. En los ejercicios de expresión corporal se pueden imaginar situaciones, estados psicológicos, historias. La variedad de ejercicios en el teatro son innumerables y aplicados al contexto de la escuela se convierten en una excusa para llenar de alegría las aulas, rompe con el tedio, explota risas y eleva la imaginación a espacios insospechados. Nosotros como maestros debemos procurar no perder la magia de la niñez, procurar guardar algo de fantasía para nuestras aulas y sobre todo para el docente de teatro este es un requisito de altísima importancia. Sin él su actividad se tornará gris y monótona.

Desde el enfoque de la educación liberadora se propone "formar por y para el trabajo social y liberador", la educación para el trabajo es una asignatura cuya presencia es común en todos nuestros sistemas educativos latinoamericanos y que ha sido propuesta por distintas teorías de la educación. Lo que en realidad se busca es que el estudiante se identifique con su entorno y las formas de producción. El enorme auge de las comunicaciones nos aleja de nuestra realidad cambiando nuestros hábitos de alimentación y vestido. La universalidad que nos proporciona el internet nos agobia de información para acercarnos lo exótico y alejarnos de lo que está cerca. Los juegos electrónicos ocupan gran tiempo de nuestros niños y jóvenes y el valor del trabajo se convierte en algo tan virtual como los laberintos de la web.

Los oficios de la comunidad no son ajenos a la escuela. En ella estudia el hijo del obrero, del panadero, del agricultor, del artesano, de todos los trabajadores y trabajadoras, la escuela se nutre de ello. El niño debe aprender a valorar el trabajo como una manera digna para alcanzar un mejor nivel de vida. "Simón Rodríguez consideraba en su propuesta de pensum las maestranzas o artes mecánicas que consistían en talleres de albañilería, herrería o carpintería", Jauregui (1991) con estas asignaturas una vez el joven dejaba la escolaridad podría ganarse de manera honesta la vida según este noble maestro del Libertador Simón Bolívar.

La representación teatral en sus personajes retrata los oficios del ser humano. El niño puede protagonizar diferentes roles. En los ejercicios dramáticos del aula se realizan juegos en donde se representan diferentes profesiones. En la producción de una obra es necesario pintar, recortar, coser, pegar, limpiar, organizar. Estos oficios se realizan en grupo con lo que se fortalece el espíritu cooperativo. La pieza teatral es el resultado del trabajo de los actores, los técnicos y especialistas. Aunque en la escuela no se utilizan tantos recursos, hay que destacar que las obras infantiles deben tener mucho colorido en su vestuario y escenografías. Para una obra sobre la caries, el cepillo es un elemento importante. Este debe ser de un gran tamaño para que el público lo pueda apreciar. En este contexto los objetos cobran vida. Así, por ejemplo el cepillo de dientes puede ser un personaje con parlamentos. La confección de los trajes, el diseño de la escenografía, el maquillaje; Cinco minutos de representación es la suma de un trabajo arduo que comienza con la lectura del texto teatral.

Todo este proceso está inmerso en el hacer de la comunidad. El docente debe estar consciente de los materiales que están a la mano, de los oficios de los representantes. Los costureros son fundamentales para el diseño y elaboración de trajes. El carpintero puede estar involucrado en la elaboración de objetos para las representaciones como espadas, juguetes. El herrero en la fabricación de estructuras soportes para reflectores y otros. Con ello los niños y niñas empiezan a reconocer los oficios de su barrio, los procesos para la fabricación del objeto y la importancia que tienen estas personas en la comunidad.

Desde lo visto podemos deducir que el teatro es una disciplina que materializa diversos enfoques de la educación. Desde la perspectiva de la teoría crítica esta manifestación cultural promueve una visión humanista, geo histórica, enfocada en los valores éticos, el respeto al medio ambiente, los saberes populares, con la valoración del trabajo colectivo que involucra la participación solidaria de los miembros de la comunidad, que desarrolla la capacidad de abstracción y el pensamiento crítico a través de experiencias que fortalecen y dinamizan el proceso de enseñanza aprendizaje. Igualmente el arte dramático puede abordarse desde otras perspectivas y propuestas de la educación y siempre va a resultar una herramienta muy útil para llevar a cabo experiencias de gran significado en nuestras escuelas.

Con el enorme peso que imponen las tecnologías de la información, el aplastamiento de las singularidades por el fenómeno de la globalización, la crisis de identidad y valores por la cultura postmodernista, la dictadura de la imagen, la centralidad en el presente, la crisis de las religiones, la hegemonía de las comunicaciones, la imposición de un pensamiento único centrado en los intereses de las grandes corporaciones, el monopolio en la producción y distribución de los alimentos, son algunas de las realidades de nuestra sociedad que debe abordar la escuela. Por lo tanto el docente necesita estar preparado para la comprensión de estos fenómenos y para accionar estrategias que permitan transformar esta realidad. Pero para ello necesita de un sistema educativo que promueva estos cambios y de herramientas como el teatro, para la concreción de objetivos que eleven el proceso educativo para alcanzar la suprema felicidad social que tanto anhelan nuestros pueblos.

Lo que aprenden los niños y niñas con el teatro escolar

Hemos revisado como el teatro se inserta en las propuestas pedagógicas y la manera en que dinamiza los procesos de enseñanza aprendizaje aportando técnicas para el desarrollo integral de los estudiantes. Estas técnicas que se pueden implementar fácilmente en el aula y le proveen al docente estrategias para desarrollar competencias en lectura con los ejercicios de lectura dramatizada o el desarrollo de la voz y la articulación de palabras, con los ejercicios de voz y dicción que a la vez son de gran utilidad para el mismo profesor. En este caso estamos extrayendo del arte dramático técnicas para la formación del actor que bien se pueden aplicar al contexto escolar contribuyendo el desarrollo integral de los niños y niñas. Así, podemos observar como el teatro favorece:

Pérdida del miedo escénico

Cuando el niño se atreve a pasar frente a sus compañeros a dar una opinión, a representar un gesto, un estado de ánimo, comienza a tener mayor seguridad e ir venciendo los temores de expresarse en público. Es recomendable en los casos de niños con mucha timidez pasarlos con otro compañero para que vaya venciendo el temor al escenario y a sentirse mirado por el público. En frases cortas, recitaciones en coros, cantos o ejercicios de expresión corporal no va a estar solo en escena, esto les generará mayor confianza y van a atreverse luego a retos mayores. Es importante tener cuidado con burlas o ridiculizar al niño cuando esté participando en cualquier ejercicio o representación porque al contrario podría crearle mayor inseguridad y lastimaría su autoestima. Por ello siempre debe procurarse un clima de solidaridad y respeto entre los participantes.

Enriquecimiento del vocabulario

Comúnmente en el aula se realizan lecturas para luego analizarlas extrayendo términos que se ubican en un diccionario y resolviendo una serie de preguntas. Este ejercicio resulta en la mayoría de los casos tedioso tanto para el estudiante como para el profesor. Con la lectura del texto teatral las palabras adquieren forma para adecuarse a la situación de los personajes. El docente de teatro escolar debe en el proceso de lectura del guion extraer aquellos términos que puedan ser desconocidos para los pequeños actores. Vincular la palabra con el tema y argumento de la obra, así la palabra va adquirir un significado más real y el estudiante la va a incorporar a su léxico cotidiano de la manera más natural. "es nuestro deber como educadores de las futuras generaciones inducir al niño aun conocimiento que incluye lo verbal pero sin someterse a él como única vía para lograr individuos capaces de manejar todos sus medios expresivos" Eines y Mantovani (1997).

Desarrollo de la capacidad para memorizar

El niño como actor o actriz requiere de la lectura permanente del guion teatral. El factor tiempo es fundamental en las actividades de la escuela por cuanto se debe cumplir con un cronograma en función de la planificación del calendario escolar. Esto obliga a que los textos se deban memorizar de manera rápida a veces para cumplir con una actividad académica. No es recomendable textos muy extensos y debe tomarse en cuenta la edad de los niños. En esta dinámica el docente de teatro escolar les facilitará técnicas de memorización a sus estudiantes como lecturas colectivas, intercambio de personajes, lecturas repetitivas, acentuación de frases y otras estrategias para este fin. Finalmente cada niño ira perfeccionando un método para memorizar sus parlamentos.

Mejoramiento de la capacidad lectora

El guion teatral se desmenuza parte por parte, con énfasis en los signos de puntuación para darle sentido a las frases y oraciones, la entonación adecuada a los signos de interrogación y admiración. El lenguaje se matiza con ritmos en las oraciones, pausas, entonación, intensidad de voz, coros, rimas, cantos. Así de un lenguaje plano el texto se transforma en un poema lleno de color y musicalidad y el niño empieza apreciar la lectura como una fuente para comunicar y para recrearse. La lectura no es impuesta, el juego dramático nos introduce en la historia contada por los mismos personajes. La lectura colectiva ayuda a que el niño se preocupe por leer bien. El maestro estará atento a cada palabra y signo de puntuación facilitando la comprensión del texto y sacando al niño o niña de las lagunas que consiga en el guion.

Desarrollo del intelecto y la cultura general

Los temas que aborda el teatro escolar son muy diversos y amplios. En la escuela se busca la formación integral de los futuros ciudadanos, en consecuencia, las temáticas abordan desde historia, ecología, folklor, salud, religión, ciencias naturales, salud, arte y literatura. En el proceso de lectura del guion el docente escolar debe ampliar la temática de la obra y ampliar la información que allí aparece despejando todo tipo de dudas para que el pequeño actor o actriz se identifiquen mucho más con el personaje que esté representando. Esta vivencia del personaje también le permitirá reconocer aspectos dentro del contexto histórico del autor, de la obra y por consiguiente un enriquecimiento de su cultura general.

Capacidad para la resolución de problemas

Todo proyecto de puesta en escena suele tener problemas desde el mismo momento en que se elige la obra. El docente de teatro de escuela debe resolver con los recursos que posea la puesta en escena. Esto no es ajeno a los estudiantes quienes están íntimamente ligados a la producción. "en esa búsqueda se produce la negociación, el replanteamiento de opiniones, el debate de actitudes, y, en consecuencia la reformulación de la visión de la situación en particular" Pérez, (2004). Los problemas pueden surgir desde el vestuario, elementos de la escenografía, presupuesto, la salida de un actor. Ante las posibles trabas o conflictos que surjan, los niños actores comienzan a aportar posibles soluciones con lo cual terminan en la mayoría de los casos involucrando a sus padres.

Desarrollo del poder creativo

En los diversos procesos del teatro en la escuela se abren importantes espacios para el desarrollo de la imaginación con el ejercicio de diversos roles representados en personajes, en el diseño de vestuarios, escenografías, guiones. En la lectura analítica del texto teatral. En la misma construcción del personaje el niño imagina su contextura física, sus características psicológicas y sociales. En este sentido cada obra es una aventura que da rienda suelta a la fantasía.

Fortalecimiento de los valores

El teatro es un trabajo colectivo en el cual los individuos involucrados deben aprender a tolerarse y respetar sus diferencias. Se valora el trabajo y se desarrolla un alto sentido de responsabilidad y compromiso. El profesor buscará estrategias para que los participantes lleguen puntualmente a los ensayos, asistan a las clases, no descuiden las demás asignaturas y guarden un buen comportamiento con sus padres y maestros de tal manera que no se comprometa la puesta en escena de la obra. Por lo general los niños adquieren un alto grado de responsabilidad para no quedar mal con sus compañeros y por el agrado de participar en la actividad teatral.

Desarrollo de los sentidos

El estudiante percibe diversos estímulos sensoriales, incrementa su percepción de sentir, agudiza su oído y su vista, maneja una buena respiración, aprende a percibir de manera diferente el mundo que lo rodea. Reconoce el ritmo y musicalidad en las frases, los colores en vestuarios, maquillaje y escenografía, las texturas en las telas y elementos escenográficos.

La voz y dicción

Hay casos de niños cuya inseguridad se manifiesta en su voz casi apagada y en su lenguaje limitado. Luego de un tiempo en la actividad teatral el niño va adquiriendo capacidad para enunciar vocablos con gran claridad y su voz se manifiesta fuerte e irradia seguridad. Esto se logra en el caso de buenos maestros de teatro que se preocupan por la voz y dicción de sus estudiantes y aplican una serie de ejercicios con técnicas de respiración, vocalización, trabalenguas y frases. El niño por naturaleza es actor, por ello no requiere un entrenamiento exhaustivo en las técnicas básicas de actuación, pero en la dicción si hay que prestar sumo cuidado o vamos a tener una puesta en escena cuyos parlamentos no se van atender y por consiguiente se pierde la esencia del trabajo. Cuando adquiere esta competencia su desenvolvimiento en el aula va a mejorar y va a demostrar mucha más seguridad y claridad en las exposiciones de sus trabajos.

En sentido general, el teatro escolar es una disciplina que articula los contenidos curriculares de la educación formal y los transforma para llevarlos a un nivel de desarrollo de la vocación artística fortaleciendo talentos en la construcción colectiva del conocimiento. Socializa el saber abriendo nuevos espacios de comprensión del espíritu humano, para

García y Valencia (2006) "el teatro trabaja con todo lo relativo al mundo afectivo de las personas y permite trabajar las siete emociones básicas del ser humano: amor, alegría, pasión, tristeza, ira, odio y miedo"; desde esta perspectiva los contenidos curriculares se humanizan, se vinculan con el ser, el texto deja de ser letra muerta y cobra vida en los gestos del niño, en las frases coloridas, en la magia del muñeco, en los destellos del vestuario. El teatro escolar irrumpe en el aula y asalta los contenidos del libro para despertar la curiosidad de los pequeños espectadores.

CAPÍTULO IV

Estructura del guion teatral

El guion teatral contiene todas las indicaciones ncccsa-
rias para la puesta en escena de una propuesta dramática.
En la mayoría de los casos los directores y actores apelan
al guion para percibir el espíritu de la obra y sus personajes,
además de reconocer los detalles técnicos de escenografía, vestuario, sonido e iluminación. Las acotaciones señalan
también la entrada y salida de los personajes, sus estados
de ánimo, movimientos, gestos, intensidad de voz.

Aparte de los aspectos técnicos, el guion en su contenido es una obra literaria cuya forma de expresión escrita es el diálogo, en su contenido incorpora versos y canciones. Las frases se alimentan también de recursos literarios que le dan belleza al contenido de la obra. Al igual que el cuento o la novela, el guion teatral tiene una estructura con ambiente y personajes. La figura del narrador en el teatro es encarnada por los mismos personajes, son ellos quienes en sus diálogos cuentan la historia. El autor se oculta en el argumento de los personajes y son estos quienes ubican al espectador en tiempo y espacio.

En los ensayos que algunos maestros realizan como dramaturgos, escriben piezas dramáticas utilizando de forma discriminada la figura del narrador. En muchas ocasiones prácticamente trasladan un texto histórico o informativo al narrador. Entonces la obra se torna pesada y los personajes pierden su brillo. Bajo esta perspectiva, no tiene sentido colocar un personaje como narrador en escena recitando un texto largo y plano que bien puede desarrollarse como una lectura en el aula. Podrían existir casos en los que se puede echar mano de este recurso, pero como un personaje más dentro de la trama cuya intervención vaya estructurada en diálogos hacia el público u otro personaje. Es por esto que es importante que el docente reconozca la estructura del guion teatral; nuestra formación en lectura poco incluye lectura de textos de corte dramático por lo que cuando pretendemos escribir un guion teatral no sabemos por dónde empezar. Por eso es importante identificar en el texto dramático los siguientes apartados:

Autor

Como en el cuento, la novela o la poesía el autor nos remite a un estilo, tiempo, lugar; recordemos que la dramaturgia también es un género literario. Para los profesionales del teatro autores como Sófocles, Moliere, Ionesco, Brecht los remiten a otras generaciones, épocas y estilos, igualmente para los maestros y maestras debe existir una referencia de autores de teatro infantil o en el caso teatro escolar. En Venezuela cuando citamos a Morita Carrillo nos ubica en textos teatrales para niños llenos de ternura que recogen parte de nuestras tradiciones. Ahora, si nos hallamos con una obra de Aquiles Nazoa reconocemos el humor, el uso de las rimas y una temática muy amplia que incluso aborda clásicos de la literatura en un lenguaje sencillo y lleno de ritmo. El maestro o maestra que se aventure en la fantasía del teatro escolar debe hurgar en la biblioteca de su escuela, conocer autores, obras y estilos en este género del teatro. Esto ahora se hace mucho más fácil con el uso de la web donde encontramos infinidad de referencias. Pero, siempre debemos contextualizar nuestros trabajos con los valores de nuestra comunidad y de nuestra nación. Como son pocos los autores de teatro escolar en español -e incluso en internet- se hace difícil conseguir textos para adaptarlos a los objetivos o necesidades de nuestro ámbito escolar, es importante que aprendamos a elaborar guiones con la ayuda de nuestros estudiantes adaptados a su edad, lenguaje y ambiente.

Titulo

Como en cualquier composición está vinculado relativamente con el contenido de la obra. Este apartado constituye la vitrina de la obra, sobre todo en el medio escolar, donde se trabaja con temas, a través del título podemos ubicar la obra que deseamos representar en la efeméride que corresponda o en la celebración escolar que se haya planificado. Como se trata de obras para ser representadas con niños o adolescentes los títulos no deben ser abstractos como suele ocurrir con el teatro del absurdo. Cuando se trata de una composición colectiva, los participantes pueden sugerir el título en consenso. Si es una producción individual debe tomarse en cuenta estos aspectos.

Personajes

Como ya lo dijimos, ellos son los encargados de narrar la historia. Los argumentos, el conflicto y presentan la temática de la obra. Los personajes están indicados abajo del título, en algunos casos al lado del nombre del personaje viene una acotación sobre algún rasgo particular del mismo. Por ejemplo: Ana (viste muy humilde, con la carita sucia). Para el director de la obra esta información es muy importante tomando en cuenta el elenco con que cuenta para un proyecto dramático. En la escuela esto no representa un gran problema, porque siempre hay gran cantidad de chicos que quieren participar en las obras. El problema se presenta cuando el maestro de aula designa como evaluación la presentación de una obra de teatro. Entonces divide varios grupos y asigna temas para la puesta en escena. Ahí comienza todo un viacrucis para los muchachos y para los representantes; buscar una obra con el tema específico, el número de personajes, tantos niños y tantas niñas, que la obra no sea demasiado extensa y que los diálogos se adecuen al nivel de lenguaje de los estudiantes y que se pueda montar en tiempo corto porque el profesor dio una semana de plazo para la presentación. La opción más inmediata es recurrir a la web pero en la mayoría de los casos el resultado no es el deseado. De acuerdo al número de personajes es que también se selecciona una obra y para la problemática planteada lo más idóneo será escribir un guion tomando en cuenta el número de escolares que tienen asignada la tarea y desarrollando la temática solicitada.

Acto y escena

Estos términos los podemos encontrar al comienzo del texto y marcan la división de la obra en diferentes periodos de tiempo. El acto consiste en un periodo de representación que concluye con el cierre del telón. Una obra teatral puede venir estructurada en varios actos o en un acto único. En el teatro escolar son pocos los textos teatrales que vienen en varios actos, en este género las obras no pueden ser tan largas. Los especialistas recomiendas de quince a veinte minutos de representación, de lo contrario la obra puede resultar muy compleja para los niños y pueden abandonar el proyecto de puesta en escena.

Un guion también está estructurado en varias escenas que se definen por la entrada o salida de los actores, cuando cambia el número de actores en el escenario cambia la escena. En obras muy cortas no es necesario hacer estas divisiones, de todas maneras queda a juicio del dramaturgo la forma como presenta la estructura de su texto de acuerdo al estilo que desarrolle. Lo importante es que los maestros entiendan estos términos y que los identifiquen en el guion teatral.

Escenografía

Es el ambiente de la obra, el fondo donde se desenvuelven los personajes. Con la escenografía, el director puede crear diferentes atmosferas y trasladar el público a cualquier lugar y época. El guion especifica aspectos de la escenografía detallando los objetos y su ubicación con los personajes. El director ha de tomar en cuenta este aspecto y evaluar si posee los recursos para montar dicha escenografía o hacer las modificaciones que crea pertinentes. Hay obras que prescinden de escenografía y crean el ambiente a través de luces o telones.

Para el teatro escolar es importante la escenografía porque ella debe remitir al encanto del niño, si hay árboles estos han de tener frutos de colores y hasta una sonrisa, al igual que las flores y los animales deben tener ese toque de magia. Los objetos pueden ser hechos con papel o cartón, no es lo mismo colocar un teléfono de verdad a un teléfono hecho de una caja forrado con papel y pintado con vistosos colores. Una fortuna que tiene la escuela es que tenemos docentes muy hábiles con sus manos, que pueden sumarse a esta tarea. Imaginemos cómo podríamos ambientar una pecera con su pequeño molino, el buzo, los peces, las piedras multicolores. Todo hecho con nuestras manos: es como asomarse a través de una ventana y sumergirnos en un mundo fantástico, estar dentro de la pecera y nadar en ella, perseguir a los peces y entrar al molino. Se trata, entonces, de pintar el mundo con los colores del ingenio e imaginación de nuestros niños.

Cuando vayamos a escribir un guion, procuremos estructurar las escenas en un solo cuadro, es decir, que la historia transcurra o en el bosque o en la sala de una casa, o en el parque. Es más fácil para efectos de la escenografía. Si la historia narra un viaje tendremos entonces que valernos de otros recursos como telones y objetos para ambientar los diferentes cuadros. Todo es posible con el uso de la imaginación. Es frecuente, en los guiones que colocan en internet, que abunden escenas y cuadros diferentes, y la obra se convierte en una verdadera pesadilla para producirla. El guion debe estar pensado para su puesta en escena, y cuando se trata de teatro para la escuela, el dramaturgo debe -por lo menos-, estar familiarizado con el currículo educativo y los ambientes escolares.

Diálogos y acotaciones

Hemos dicho ya que el diálogo es la forma de expresión escrita natural en la que se expresa la literatura dramática. Esto no exime a que el texto esté enriquecido con cantidad de imágenes y recursos literarios que den a las oraciones un sentido estético de gran espiritualidad. Para Stanivslavski "si en el teatro vamos a representar el espíritu humano debemos hacerlo de manera hermosa"; En los diálogos del teatro infantil y el teatro escolar igualmente los textos están llenos de oraciones con gran musicalidad y color. El autor se vale de recursos como los versos en rimas, los trabalenguas, las retahílas, los juegos de palabras, que entusiasmen los niños, que les haga sonreír y que encuentren también en la lectura dramática una fuente de entretenimiento.

En los diálogos encontramos indicaciones entre paréntesis y escritas en letra cursiva, estas son las acotaciones que orientan tanto al director como al actor sobre gestos, movimientos, vestuario, intensidad de voz, estados psicológicos del personaje, y ritmo del lenguaje. El facilitador de teatro escolar debe estar muy atento a las acotaciones y en el proceso de lectura de la obra hacer énfasis en estos apartados para que los niños y niñas aprendan a reconocerlos y a estar atentos a lo que indican. He aquí un ejemplo de un diálogo con acotaciones en un fragmento de la obra "El pastel de Don Jacinto" de autor anónimo:

> JUANCHO: Entonces la única solución será pedir de puerta en puerta. Probaremos. (*Salen. Luego vuelve Juancho*). Comenzaré por aquí. (Golpea a la puerta de Don Jacinto el pastelero). Socorra usted, buen hombre, a un pobre que está a punto de ladrar de hambre…
> DON JACINTO: (*En la puerta*). ¡Ay! No tengo nada de dinero buen hombre. Mi mujer es la que guarda la bolsa y no está en casa. Vuelva por pascua florida y entonces lo ayudaremos (*da un portazo. Juancho se aleja. Vuelve Isidoro, golpea y sale María*).

Al discriminar estos elementos del guion teatral podemos aventurarnos a escribir un texto dramático para cualquier situación que se nos presente en el trajinar de la enseñanza y el aprendizaje, no todo debemos dejárselo a los dramaturgos. No todos ellos han convivido por años en una escuela rodeados por sonrisas y travesuras, juegos, cantos, dulces, juguetes y sobre todo por la magia de la imaginación en donde todo es posible. El docente más que nadie es conocedor de la dinámica de la escuela, las posibilidades para el desarrollo de actividades teatrales en la misma, el nivel de lenguaje de sus estudiantes, los valores de su comunidad, los recursos con los que se cuenta en la escuela para implementar el teatro en la misma, las estrategias para implementar el teatro como una herramienta pedagógica. Tanto el niño, como el docente, como el dramaturgo aportan una visión muy particular para la producción de guiones escolares.

La producción de guiones para teatro escolar surge desde tres visiones diferentes: el dramaturgo que despliega toda su experiencia en el uso de recursos estilísticos, nivel de la historia, manejo de la temática y la estructura de la obra. El niño, quien es la imaginación sin límites, los personajes fantásticos y la ingenuidad y pureza en sus ideas; y las situaciones más descabelladas, que abordan la realidad desde una perspectiva sencilla, sin inhibiciones. El profesor extrae elementos para resaltar valores o desarrollar una experiencia de aprendizaje, exaltar personajes o, simplemente, para propiciar espacios de entretenimiento para la comunidad educativa. Desde la lectura de estos estilos podemos llegar a comprender verdaderamente los alcances del teatro escolar como una posibilidad para generar experiencias importantes en el campo de la educación en un tiempo en que los valores e identidades se diluyen en las tecnologías de información y el pensamiento postmoderno.

Para complementar el análisis del guion, el módulo de música y artes escénicas de la Universidad Experimental Libertador, UPEL (1996) nos aclara otros términos:

El tema

Es aquello de lo que la obra trata. Se expresa casi siempre con muy pocas palabras. Por ejemplo: los celos, la venganza, la amistad, la participación, la inflación, el amor y el deber, el hambre, la problemática familiar, etc.

La anécdota

Constituye los sucesos de la obra: *lo que pasa*. No importa el orden en que se cuente. La anécdota se establece de un modo muy general, sin entrar en particularidades ni detalles, sin tomar en cuenta el orden cronológico, esbozando apenas el carácter de los personajes y su situación.

El argumento

Es la narración ordenada, minuciosa y objetiva de todos los acontecimientos. Incluye detalles en tanto delineados sobre personajes y ambiente. Responde a la pregunta, ¿cómo es que pasa eso en la obra?

La fábula

Indica la narración ordenada, minuciosa y objetiva de todos los acontecimientos y diálogos de la obra, la cual queda reproducida en forma narrativa.

La idea

Es aquello que el autor desea comunicar, expresar, es el motivo y principio de las obras.

La idea central

Constituye la columna vertebral, el hilo conductor y debe tenerse siempre clara cuando se realiza el análisis.

El ambiente

Constituye la relación espaciotemporal con la cual el autor presenta la acción para el logro de su idea central.

El conflicto

Es el punto básico, el eje central de la obra. Representa una lucha de contrarios, de fuerzas que generan acciones y reacciones. Es lo que mueve la situación de un miedo a otro miedo dramático, de escena a escena. El conflicto puede generar, según el número de personajes que estén involucrados, tendencias o bandos en los cuales estos personajes ocuparan, de acuerdo a sus propias características, lugares más o menos destacados.

El guion para teatro escolar

Como ya se expresó, en el teatro para la escuela se abordan todas las temáticas porque en ella confluyen múltiples disciplinas, esto le da una mayor amplitud al teatro y la posibilidad de recrear cantidad de situaciones, personajes y ambientes. No obstante, debemos recordar que si las obras son complemento de los contenidos de las aulas, deberán abordar algunos aspectos de un personaje o acontecimientos. Si hablamos de los sucesos de un acontecimiento histórico no podemos, por lógica, representar todos los hechos con detalles y personajes. Lo que hay que hacer, en virtud de la realidad escolar, es tomar aspectos de dicho acontecimiento y representar los personajes principales. Si se trata, por ejemplo, de la firma del Acta de independencia, entonces hay muchas formas de representar este hecho, bien sea un dialogo entre los personajes históricos protagonistas del hecho, o el de esclavos o campesinos acerca del mismo acontecimiento. El caso es ilustrar el hecho y complementar lo que hay en los textos, lo que los niños han escrito en sus cuadernos, reflejar lo que hay en las carteleras o lo que el niño expone en sus láminas.

Las efemérides resaltan acontecimientos, personajes y aspectos de la vida del hombre. Es sumamente difícil conseguir obras alusivas a estos temas. Los especialistas en las escuelas tienen que recurrir a poesías, canciones y exposiciones, la cuestión es ¿cómo hallar un guion de teatro que se pueda representar en el aula o en el patio central de la escuela para conmemorar una fecha patria de gran importancia? También hay que abordar otras fechas conmemorativas como el día de las madres, el día del maestro, el día del trabajador, fiestas de navidad, la semana del libro, el día del árbol, la semana bolívariana, la fecha aniversario de la institución y, además, complementar contenidos en áreas de salud, lenguaje, ciencias sociales, educación física, computación y otras asignaturas del currículo escolar que se enriquecen de manera significativa con el teatro en la escuela. "El espacio de trabajo del teatro que se involucra en lo académico, brinda a los estudiantes la posibilidad de que sean más activos y responsables de las actividades de su aprendizaje. (García y Valencia, 2006).

Desde esta perspectiva el guion para teatro escolar es muy diferente al guion de teatro tradicional. Cuando hacemos la salvedad entre teatro escolar y teatro infantil observamos que el teatro infantil aborda valores de manera más general y está pensado para otras posibilidades de representación. Hay obras de teatro infantil que muy bien pueden representarse en la escuela, sin embargo, el teatro pensado para la escuela necesita de guiones adaptados a la realidad educativa. Es decir, no todas las escuelas poseen un auditorio, iluminación o sonido. Los recursos para hacer teatro en la escuela son pizarrones, pupitres, libros, carteleras, escritorios, cuadernos. Los espacios para representación varían desde la misma aula, el patio, el pasillo, la plaza, el vecindario. La escenografía puede ser una misma cartelera, un mural de papel, arbolitos de cartón. Los personajes van desde la misma tierra, un héroe de la patria, un animal, un fruto, la caries… Es parte de la realidad del hecho educativo, porque responde a principios pedagógicos y a la realidad del ambiente escolar. No es lo mismo escribir un guion que aborde un valor como la amistad para su representación en un auditorio, que para ser representado en un aula.

Esta realidad nos presenta el reto de escribir guiones adaptados a la dinámica escolar, es por ello que quien piense en escribir textos dramáticos para la escuela debe, de alguna manera, estar vinculado al ambiente educativo. Casi ningún docente se aventura a escribir teatro y poco leen del mismo. Los niños son una fuente de primera mano para crear obras fantásticas pero igual necesitan de una orientación y en ambos casos por lo general no conocen la estructura de un guion teatral. Ahora, con las experiencias que se vienen dando en esta materia, algunos países con la formación de recursos humanos para el desarrollo de la pedagogía teatral, además de la incorporación de profesionales de teatro al ámbito escolar de alguna manera han generado experiencias importantes que ya han sido reseñadas de breve manera.

Escribir para niños

Crecemos con la magia del cuento que nos lleva a mundos fantásticos, con el cuento aprendemos nuestras primeras lecciones sobre valores y nos acercamos al libro. Muchos autores se especializan en escribir para niños y poseen las herramientas para llegar a lectores de diferentes edades de la infancia. El diálogo, como expresión escrita, está inserto en el mismo cuento, por ello es importante reflexionar sobre cómo escribir un guion para niños de educación en edad preescolar o de jardín de infancia, para niños que cursan los primeros años de educación básica y de niños que cursan los grados superiores. Sobre esto todavía hay mucho camino que recorrer.

Para los muchachos de bachillerato es otra la situación, sin embargo, pues también hay que tomar en cuenta algunos aspectos de perfil psicológico y desarrollo de competencias, pero este es otro tema que es extenso y debe tratarse aparte.

El guión escolar debe estar provisto de la fantasía que poseen los mismos cuentos, el lenguaje debe ser sencillo y accesible al niño. Las líneas no deben ser tan extensas que es un error frecuente de algunos de nuestros autores que prácticamente transcriben largos relatos de los libros de historia. Esto aburre el niño. "Para trabajar con el niño puede apelarse a todos los recursos lícitos y sin trampas, los niños son demasiado expertos y saben muy bien cuando algo viene de los mayores y no les gusta" Mane,(1977). En este sentido debemos recurrir a frases con accidentes en su entonación, pausas y ritmo. No abusar de los diminutivos, usar recursos como la rima, los coros, las canciones, los juegos de palabras y no dejar de lado el humor, la risa es un elemento clave para atrapar el espectador. Esto va a cautivar el niño y la niña, entonces los personajes de nuestra historia que parecen tan serios y distantes se mostrarán en una dimensión más humana, más cerca de nuestra realidad escolar. Saltarán de los libros de texto y nos contarán sus historias de una manera más amena, en el lenguaje de nuestros pueblos, con los giros particulares que tiene nuestro idioma en cada una de nuestras regiones. "No hay que olvidar que el teatro infantil no es un fin, sino un medio lúdico para comprender la vida y poder comunicarla a los demás" (García y Valencia, 2006).

Para escribir guiones de educación preescolar o de jardín de infancia debemos ser muy cuidadosos, entendiendo el desarrollo del lenguaje de los niños entre 4 a 6 años de edad (la mayoría de los autores recomienda desarrollar actividades teatrales a partir de los 6 años), pero en esta etapa el teatro escolar resulta un elemento que enriquece posibilidades para el desarrollo de la sociabilidad, la curiosidad y la concentración. Para ello, es importante repasar las teorías del aprendizaje y del desarrollo psicosocial del lenguaje pero sin alejarse del entorno escolar. Hay que tomar en cuenta cómo es la memoria de los niños en esta etapa y cómo presentarles el tema de tal manera que parezca un juego. Aquí el autor debe desarrollar todo su potencial imaginativo, es quizá la actividad de teatro escolar más compleja y delicada. Las frases deben ser muy cortas, no exceder de dos líneas por personaje y no utilizar términos muy sofisticados que los niños no puedan pronunciar. Los guiones no deben extenderse a más de una cuartilla y se pueden valer de recursos como los coros y canciones que los pequeños disfrutan mucho en los ensayos y sus presentaciones.

Con los niños que cursan los primeros grados se pueden ensayar obras un poco más largas es decir de unos tres a cuatro minutos de duración. En esta edad escolar los niños están aprendiendo a leer y escribir, tienen mayor libertad de desplazamientos, socializan más con sus compañeros y poseen una memoria prodigiosa. Las frases, igualmente, deben ser cortas y hacer uso de los mismos recursos. Les encanta hacer personajes fantásticos, hacer imitaciones, ensayar voces, poseen una imaginación ilimitada. Sienten una fascinación por los títeres y a través de estos se pueden explorar importantes experiencias de aprendizaje. En estos textos las acotaciones deben ser precisas y claras para no confundir a los docentes en el proceso de montaje de las obras.

Los niños más grandes, como es obvio, poseen un mejor manejo del lenguaje oral y escrito. Con ellos se puede aventurar al montaje de obras de mayor duración y diálogos un poco más largos. Igualmente, el texto no debe perder su magia para que sea atractivo al niño, debe echarse mano a la picardía natural de los niños y se pueden abordar todos los temas que se deseen. En esta etapa hay una mayor relación de los textos dramáticos con los contenidos curriculares, el autor debe conocer el currículo nacional y diseñar estrategias para abordar todos estos temas desde el teatro escolar sin que por ello implique la transcripción de textos de carácter histórico o científico para que luego los estudiantes los reciten sin la emoción que debe transmitir la representación teatral.

Fin didáctico del teatro escolar

Ya hemos señalado que el teatro para la escuela tiene un fin eminentemente didáctico, sin que por ello pierda su estética y procedimientos para la puesta en escena de obras en sus distintos géneros. El autor de teatro escolar debe conocer las diferentes enfoques teóricos de la educación, el currículo escolar nacional, las teorías de desarrollo psicosocial y de lenguaje del ser humano, además de la dinámica y ambiente de la escuela en que se dan todos estos procesos inmersos en una comunidad que posee una historia y patrimonio cultural.

No es tan fácil, entonces, crear textos para la escuela sabiendo lo complejo y sensible de la educación. La cuestión es que los textos de teatro escolar respondan a las inquietudes del docente a la hora de resolver una experiencia de aprendizaje o para promover valores. Por ello, los textos teatrales no deben resultar ajenos ni al docente ni al estudiante, deben ser de fácil interpretación y de una producción realizable contando con los recursos que tiene la escuela para el desarrollo de esta actividad

Los guiones de la dramática escolar pueden surgir de los mismos textos con que el docente planifica la instrucción. Estas obras, que pueden ser representadas en el aula o en otro espacio de la escuela, no deben ser de gran extensión y sirven como complemento a las asignaturas que contemplan la educación formal. Esto da la oportunidad de enfocar los contenidos desde otras perspectivas posibilitando al estudiante nuevas posibilidades de reflexión e interpretación de los conocimientos. Por tal razón las obras deben ser propicias para ser interpretadas en estos espacios, adecuadas al nivel de lenguaje de los niños y niñas, con propuestas escenográficas sencillas y líneas de diálogos cortos.

El guion no puede ser un abstracto que genere desconcierto en el docente, para que luego desista en el intento de una puesta en escena, a primera vista debe ser atractivo y realizable. El docente llega a la biblioteca buscando obras teatrales que le ayuden a solucionar situaciones didácticas o compromisos del calendario escolar, la gran mayoría de las obras que reposan en la bibliotecas escolares son muy generales y su adaptación compleja al medio escolar. Hacen falta guiones que aborden aspectos de la salud, los signos de puntuación, los autores literarios de la región, las tradiciones populares, las efemérides para los días cívicos y para alegrar las festividades de la escuela.

El hecho de la función didáctica del teatro en la escuela no quiere decir que se puedan hacer la puesta en escena de obras de teatro infantil, a la final siempre el teatro posee una función educadora. Por otra parte, por cortos que sean los textos de teatro escolar, no quiere decir que no sean una composición literaria, su riqueza estriba en la variedad y color que existe en el lenguaje de los niños. Es la misma literatura infantil, pero expresada en diálogos. El teatro, igual, debe ayudar a enriquecer el vocabulario tanto de los estudiantes como de los docentes. También está inmerso en un tiempo, responde a corrientes de pensamiento y es testimonio patrimonial de la comunidad educativa.

El guion escolar debe ser pensado para representarlo en la escuela o en las actividades que se derivan del ejercicio de la educación. Por lo tanto debe concebirse dentro de los presupuestos realizables. El teatro con niños a veces tiende a ser más complejo debido a que requiere de gran colorido, de la elaboración de trajes para personajes fantásticos y de ambientaciones que correspondan con la historia que se represente. En las acotaciones debe proponerse como solucionar ciertos detalles para el vestuario y las escenografías. Por ejemplo que se puede elaborar con cartones y pintura, con materiales reciclables, ¿cómo las flores que se utilizaron para un desfile nos pueden servir para una obra determinada?, El docente de teatro escolar debe estar atento a los materiales que encuentre e irlos guardando para sus proyectos de trabajo, pero procurando no llenarse también de objetos inservibles.

Sucede que hay personajes y acontecimientos que ni el docente recuerda o reconoce, por tal razón algunos guiones de teatro escolar deben llevar una pequeña introducción sobre el tema que va a tratar la obra, para que tanto el docente director y el niño actor se sumerjan en la temática de la obra. Esta introducción, también junto al título, permite identificar la obra más fácilmente y que a la hora de seleccionarla, se tenga la certeza de qué es lo que se va a realizar.

Como hemos visto, la extensión del texto depende de variables como el tema, la edad de los niños, el objetivo que se desarrolle, el espacio de representación, la actividad donde se va a dar la presentación. No es recomendable montar obras extensas con niños, las sesiones de ensayo van a ser más largas, los parlamentos muy extensos, con un mayor nivel técnico y recursos actorales. Recordemos que es teatro para desarrollar en la escuela y no una compañía de teatro profesional.

CAPÍTULO V

Cómo hacer un guion de teatro escolar

No existe una fórmula que arroje resultados para elaborar guiones teatrales en el contexto escolar. Sí hay propuestas y fuentes de donde podemos desarrollar ideas para crear un guion para determinada actividad del aula o de la escuela, y si conocemos la estructura del guion esta tarea se va a facilitar. La dramaturgia escolar busca dar vida a personajes y acontecimientos históricos, reflejar tradiciones culturales de la localidad y de la identidad nacional, exaltar las efemérides, desarrollar campañas de salud y ambiente, profundizar en los valores familiares, integrar los contenidos curriculares del aula con el hecho teatral entre otros.

Cuando se va a estructurar un guion teatral, a veces no sabemos de dónde partir. Se puede tener el tema o idea, pero no el cómo presentarlo. Hay que tener en cuenta que lo que se escribe es para ser representado por personajes, por consiguiente debe existir una secuencia y coherencia en lo que se dice y a quién va dirigido. El público escolar es muy diferente al público general que se sienta en un auditorio, son los niños que ven los personajes de los libros y carteleras representados en sus compañeros, los representantes que se enorgullecen del talento de sus hijos, y los docentes que observan cómo se refuerzan los valores y conocimientos en el hecho teatral. En la mayoría de los casos no existe la comodidad de la butaca ni la acústica del auditorio, las representaciones son, por lo general, al aire libre y deben buscar atrapar la atención de los presentes de manera que no se distraigan en otras situaciones que estén sucediendo en el momento, sobre todo cuando el sitio de representación es el patio central de la escuela.

La cuestión es ¿cómo presentarle el tema a este público?, la obra no puede ser tampoco una extensión de las sesiones de clase en el aula ni una exposición temática con un discurso largo y aburrido. Si vamos a hablar de la salud bucal, por ejemplo, la caries debe ser un personaje burlón, con antifaz y dientes dañados, que asusta a los pobres dientes. Finalmente llegará el cepillo en su defensa. Así, muchos contenidos se pueden resolver dando un giro a lo real para, desde lo imaginario, llevar un momento de entretenimiento y de aprendizaje. Ahí radica gran parte del proceso de creación del texto de teatro escolar, en ver la realidad desde el lente mágico del loco soñador. Un texto puede nacer de una situación de la vida real, de una conversación con los niños, de un cuento, de un sueño, sino, ¿cómo podrían las nubes conversar con la tierra y ésta lamentarse de la poca consideración que le tienen los seres humanos?

Eines y Mantovani en la *Didáctica de la dramatización* dejan el rol de autor al estudiante, la idea toma forma con las proposiciones de los demás compañeros y el profesor(a) estará atento para auxiliar a sus estudiantes en los momentos que no sepan cómo resolver una situación del nivel de la historia. En este caso el guion es producido por los escolares en su lenguaje y poder imaginativo. Los niños y niñas constituyen la fuente inagotable de ideas para inspirar la escritura de un texto dramático escolar. En este caso el docente tiene una enorme ventaja porque él incluso más que algunos padres comparten más tiempo con los niños, conoce sus formas de expresión, sus aptitudes, anhelos, miedos y talentos. Las obras escritas por los niños son más cortas y sirven como ejercicio para desarrollar actividades en clase. Ahora, si se estimula la lectura de textos teatrales, la escritura de guiones, ¡cuidado!, porque puede surgir un excelente dramaturgo escolar en nuestra escuela con amplísima ventaja sobre los adultos que viven contaminados por los miedos y los prejuicios de la sociedad.

El profesor Igor Martínez (2010), distingue dos etapas para el proceso de escritura del guion de teatro escolar: un proceso imaginativo, que consiste en la etapa de creación y desarrollo de ideas; y un proceso técnico que comprende el orden de todos los elementos que intervienen en la escritura del guion teatral. Ambos periodos en el proceso de escritura del guion son bien importantes, el primero, porque constituye la base conceptual de lo que se quiere decir, y el segundo, que es la forma y orden en que se presenta y materializa la idea.

El proceso imaginativo es muy complejo, a veces surge una idea y rápidamente se resuelven unos personajes, una trama y una situación por resolver. Como también sucede que, en ocasiones, se necesita una obra sobre un tema determinado y las ideas no pueden desarrollarse, no se puede hilar una historia o la propuesta queda vacía, sin sustento por falta de buenas ideas que alimenten la propuesta.

Las fuentes de inspiración

El dramaturgo escolar puede buscar en varias fuentes. En primer lugar, están los libros de texto con los que se planifica la clase diaria. Allí encontramos una escritura lineal de carácter narrativo y expositivo que debemos transformar en diálogos teatrales, es decir que la información sufre un giro sin perder su esencia, por el contrario se pueden exaltar los valores allí presentes sin caer en un lenguaje monótono. El dramaturgo escolar debe tener la picardía para presentar personajes que porten una información importante. Por ejemplo, si la información es sobre la batalla que selló la independencia del país, vamos a extraer los personajes convenientes de acuerdo a la trama que tejamos, para lograr que el público esté motivado. Podemos escenificar entonces la misma batalla con consignas y gritos de algunos contrincantes. Los personajes de mayor trascendencia pueden presentarse al público diciendo: "yo soy el general tal, defiendo los ideales de tal y, bueno, hoy voy a ganar esta batalla a favor de la libertad del pueblo". Posteriormente, se simulará un enfrentamiento sin mostrar exceso de violencia y cuidando que los niños no se lastimen.

Esta misma batalla puede ser abordada desde el diálogo entorno a una mesa de dos generales que toman café y planifican las estrategias para ganar exaltando los valores de libertad y justicia. También podemos mostrar la batalla vista por los más humildes, imaginando sus sentimientos, miedos y anhelos de libertad, entregando toda su fe al héroe que les guiará en tan importante lid.

Los tiempos también nos ayudan a generar buenas ideas para presentar el tema dramatizado. Podemos ubicar unos personajes antes, durante o después del acontecimiento, en cada tiempo las circunstancias serán diferentes; si es después de la batalla, dos soldados heridos contarán sus peripecias de cómo sobrevivieron y cómo hicieron huir a los enemigos. Incluso podemos remitirnos a los tiempos actuales, donde el tatarabuelo cuenta a sus nietos cómo luchó en aquella memorable batalla.

Los recursos son amplios y varias las maneras de presentar el texto que está en el libro del profesor que nadie lee y que los muchachos lo copian con desgano en un dictado tedioso con advertencias sobre el buen uso de la ortografía.

Otra fuente grandiosa de ideas son los niños y niñas de la escuela. Muchos autores emplean esta técnica con buenos resultados. La famosa lluvia de ideas en donde se plantea un tema determinado y los niños y niñas irán aportando frases y palabras para ir armando el guion o un boceto de donde el dramaturgo escolar armará la estructura de la obra. En la misma aula, con la ayuda del pizarrón, se puede estructurar una historia donde los niños y niñas van agregando frases. Al final, se logran unas fábulas cortas que se pueden representar con títeres de medias y goma espuma o siluetas de cartulina. Para esto se escoge primero el título, previa sugerencia del tema, luego se escogerán los personajes -en este caso serán insectos-, y los niños irán diciendo cuáles protagonizarán la historia. Posteriormente, los niños van a sugerir que la escenografía sea un jardín. Entonces, le daremos salida al primer personaje que dirá algo. Todos los niños, con gran alboroto, dirán frases diferentes como "¡Hola amiguitos!, estoy extraviado, ¿quién me puede ayudar?" Estas frases pueden ser sugeridas por el maestro(a), pero los niños van a agregar más y más. Esta técnica se puede emplear para realizar guiones sencillos de duración corta y con la participación de muchos personajes.

En las tradiciones encontramos también relatos geniales sobre la confección de artesanías, celebraciones, bailes, gastronomía o formas de producción. Para escribir sobre estas temáticas es necesario ir a la fuente directa, o lo que llamamos "libros vivos", que son personas mayores que desde su experiencia nos relatan sucesos y tradiciones de las que formamos parte, o cultores de alguna tradición de nuestras comunidades; los descubrimientos siempre van a sorprendernos.

En las conversaciones con ellos debe llevarse una libreta de apuntes como mínimo, o un grabador para no dejar escapar detalles. Un elemento que enriquece los diálogos es el nivel de lenguaje que manejan estas personas y que se traslada al presente, en las voces de los niños y niñas que actúan. No es aconsejable llevar cuestionarios escritos, porque esto puede intimidar al entrevistado, es mejor desarrollar una conversación con preguntas abiertas y ponerse en la situación de un niño ávido de información. A la par de esto el tema se ve alimentado de relatos, de leyendas y espantos, que despiertan tanto interés en nuestros niños y con lo cual se pueden crear situaciones de humor y de suspenso. Por ejemplo: "en los cafetales no se podía decir malas palabras, porque si no en la noche espantaban".

En un trabajo de investigación sobre la producción del café, con el uso de internet y los libros de texto, se acopia suficiente información para elaborar un guion teatral, pero esto no se compara con la riqueza y emoción con que una persona mayor narra detalles de la producción del café. El relato va a estar acompañado por cantos, refranes, personajes, historias y leyendas, detalles que muy difícilmente podemos conseguir en la internet o en los mismos libros. Con ello, la imaginación se pone a volar, las puestas en escena van a estar enriquecidas por la originalidad de los testimonios y por personajes llenos de gracia y simpatía.

En un mundo en el que vivimos con el abrumador auge de la información y la multiplicidad de imágenes queda poco espacio para imaginar, sino tenemos imaginación estamos impedidos para abordar el teatro desde cualquier aspecto. Es la imaginación la que nos permite darle una visión diferente a los contenidos curriculares y tomar elementos de la comunidad y colocarlos en escena. El dramaturgo escolar debe ser un soñador empedernido, en él debe habitar un niño escondido que aflora para llevarle magia a la escuela a través del hecho teatral.

Ambientación

Una vez que se tengan claras las ideas en cuanto a los personajes y el nivel de la historia, es necesario ubicar dichos personajes en un ambiente para darle un fondo a la historia. Hay que estar consciente de los recursos que se pueden emplear para una escenografía conociendo los materiales de los cuales se disponen en la institución escolar. No se puede concebir en el guion escolar escenografías que requieran de un despliegue de recursos que obviamente el docente no va a conseguir, como suele suceder en muchos de los textos de teatro que encontramos en nuestras bibliotecas. Debemos ser realistas y conocer las limitaciones del maestro(a) y el entorno escolar, a la hora de escribir podemos desbordar en imaginación construyendo castillos y océanos, pero estos deben ser realizables.

Para ello se deben plantear fondos sencillos con dibujos sobre telas, papel o cartón, telas de colores, y carteleras. Sugerir el uso del mobiliario escolar, pupitres, escritorios, sillas, muebles, mesas, materos, papeleras, carteles, archivadores.

La caja de cartón es una alternativa económica y de fácil acceso, con ella se pueden fabricar infinidad de objetos y formas. El guion debe invitar al lector para que busque alternativas creativas en los elementos escenográficos, que los objetos se hagan con cajas de cartón se puede crear un bosque de árboles sonrientes, tristes, molestos y asustados, carros de carrera, artefactos eléctricos, puertas y ventanas, teatrinos y muchísimas cosas más. Obviamente existen muchos otros materiales, como la goma espuma, el anime, las maderas comprimidas, entre otros.

El guion debe orientar brevemente al docente de teatro escolar sobre cómo solucionar ciertas situaciones, por ejemplo: "para la puesta en escena se necesitan tres barcos que se pueden elaborar en cartón de construcción o cartulina doble faz, blanca, con los nombres de las embarcaciones. El mar lo podemos representar con plástico de color azul"; con esta orientación ya le estaremos indicando al lector como solucionar una escena en el mar con barcos navegando. No todos tienen la misma capacidad de imaginación del dramaturgo, recordemos que el profesor(a) de escuela debe atender una cantidad de situaciones como la planificación de la enseñanza, la evaluación, elaborar registros, dar clase, mantener orden y, aparte de esto, montar obras de teatro para el día de las madres.

Por último, hay que considerar en la escritura del guion de teatro escolar la concentración de escenas en un solo cuadro, no empezar la historia en el parque, luego otra escena en la cocina de la casa, después en un dormitorio. Esto va a dificultar mucho la puesta en escena y va a colocar en apuros a quien se atreva a llevar la producción de una obra de estas características porque tendrá que cargar con una cantidad de objetos que en la mayoría de las veces no justifica el esfuerzo por la brevedad de los diálogos. Todo debe tener una justificación, si se va a sugerir la colocación de un escritorio al lado izquierdo del escenario es porque allí se va a enfocar una escena importante en el desarrollo de la historia.

Si se hace necesario estructurar la obra en varios actos, con un cambio en la decoración se sugiere que esto se sintetice de la mejor manera. Es frecuente que las obras salgan de la escuela, bien sea por actividades de tipo comunitario o por festivales y encuentros culturales. Se ha visto en estos encuentros autobuses llenos de escenografía como si se tratase de la llegada de una compañía de teatro profesional. No tiene sentido estructurar una obra con todo un aparataje si lo que se va a decir se puede hacer incluso con uno o dos elementos como escenografía. No debemos olvidar que estamos escribiendo para la escuela, que quienes actúan son niños y quienes dirigen son maestros y maestras que en la mayoría de los casos desconocen los procesos teatrales.

El vestuario para el teatro infantil y el teatro escolar puede llegar a ser más complejo que el teatro para adultos, pues se trata de ambientar la magia y la imaginación del niño. En este mágico mundo cualquier objeto o animal cobra vida y se humaniza, hasta los sentimientos toman forma y color. Los colores suben a escena y discuten cual es el más importante, la manzana enseña las vocales a los niños, los libros se quejan del maltrato de algunos niños, el árbol pide al leñador que no lo vaya a cortar, el tigre y el conejo hacen las paces, los héroes de la independencia narran sus triunfos. Es una locura que vale la pena. Al igual que en la escenografía el guion se pueden orientar sobre cómo resolver algunos vestuarios: "para el traje del rio podemos recortar tiras de tela plateada y las pegamos a un pantalón y camisa vieja", es una manera de resolver un rio. De todas maneras el lector tendrá que apelar a su imaginación para resolver el aspecto del vestuario.

Estructura y diálogos

Lo clásico en toda obra de teatro es un inicio o introducción donde se recoge brevemente el espíritu de la obra y sus personajes, un conflicto o nudo que crea desconcierto y desenlace donde se soluciona el problema. En el teatro escolar no todo el tiempo suele suceder así, todo depende del tema que se desarrolle y de la forma que el dramaturgo escolar quiera presentarlo, también de la forma en que se haya escrito, es decir: por creación colectiva (estudiantes y profesor) o por creación individual. Igual tomar en cuenta cual es el objetivo que se propone con el texto, ¿Qué quiero decir?, ¿Cómo lo digo?

Si la obra se desprende de un texto narrativo se conserva la estructura original de donde se toma el argumento para dramatizarlo. Si vamos a contar la historia de nuestro país para presentarla en la escuela debemos hacerlo con mucha creatividad. Hagamos personajes amables, sonrientes, imprimamos en sus diálogos color, ritmo, sentimiento, echemos mano de recursos como la rima, las repeticiones, los coros, las canciones, la poesía. Al final, el teatro en sus diálogos expresa todas las formas de expresión escrita y movimientos de la literatura. A la realidad del hecho histórico coloquemos un personaje fantástico: un bufón, un duende, un fantasma, una bruja, un hada, un animal. Esto rompe con la monotonía y pesadez, imprime dinamismo a la historia, atrapa la atención de niños y adultos, produce resultados inesperados.

Otra forma de estructurar obras escolares es con el uso de diálogos cortos, en ese caso se rompe con la estructura inicio, desarrollo, desenlace. Los personajes van saliendo, se van presentando y pueden cerrar con una ronda o un coro. Un ejemplo representa una obra realizada para el día de la alimentación. Los alimentos van desfilando diciendo su nombre y alguna de sus propiedades o rimas con su nombre: "¡yo soy la naranja y vivo en la granja!" Este tipo de guiones ha de concebirse para los primeros grados y su objetivo es promover valores o complementar lo visto en el aula con respecto al tema.

En el caso del personaje narrador, este puede hacer un recorrido rápido de un acontecimiento o nos ilustra la vida de un héroe. En la escena entran otros personajes que refuerzan el dialogo narrativo. Ejemplo: un campesino habla de la vida del ilustre José Antonio Sucre y sobre cómo la ira, la envidia y la maldad se opusieron a los sueños de libertad. Entonces entran en escena la ira, la envidia y la maldad vestidas de negro con luciendo lentes oscuros o antifaz:

IRA: ¡Yo soy la ira!, es que me da una rabia con ese Mariscal.
ENVIDIA: Envidia me llaman y todos me aman.
MALDAD: ¡Jum! Hay que acabar con ese Mariscal y sus sueños de libertad.

Contrapuesto a estos personajes vendrán otros que representen la paz y la justicia y cierren con un mensaje de unión y fraternidad. Siempre se ha de procurar llevar en el teatro escolar mensajes que engrandezcan el espíritu humano, que motiven el respeto, la solidaridad, el afecto, la unión entre los pueblos. Esta es otra manera de estructurar el guion para el caso de un tema largo como la biografía de un personaje, en los días cívicos las lecturas biográficas se tornan muy aburridas y los estudiantes poco le prestan atención, pero con la dramatización es muy probable que recuerden para sus vidas aspectos de la obra de este gran personaje.

Para las campañas de salud se estructuran guiones breves con personajes jocosos que llevan el mensaje explicando las bondades de la prevención y de las vacunas. En esta dramatización no necesariamente hay personajes antagonistas, es como una cuña de televisión sobre un jabón, se destaca la importancia de la limpieza de las manos. Ahora, para ponerle emoción a la obra, podemos colocar un personaje como la fiebre que huye cuando llega la enfermera con su aguja para vacunar.

Como se evidencia, no hay una fórmula para escribir guiones teatrales para la escuela. En la dinámica escolar nos hallamos cada día con emociones y sorpresas en la aventura del aprendizaje. La mejor fórmula para escribir buen teatro escolar es vivir untado de aula, de olor a lápiz y golosinas, de garabatos y colores, de mimos y travesuras.

Para hallar las respuestas que no hallamos en el libro ni en la internet vamos al aula y sentémonos en un pupitre a conversar con los niños, allí encontraremos las soluciones a los problemas más complejos que agobian al mundo de los adultos. Vamos al vecindario, degustemos un café con la señora Carmen que ha vivido toda la vida en el barrio, preguntemos al panadero cómo se hace para vivir del pan, ¿cómo es su vida?, ¿qué le gusta de su oficio?, regalemos al abuelo una conversación, cuantas historias guardan llenas de emociones y sorpresas. La gente de teatro dice "el teatro está en la calle", el teatro escolar se halla en la misma escuela y en su comunidad. Necesitamos creer en lo imposible y soñar para hacer un buen teatro escolar, como decía el genial Aquiles Nazoa en su *Credo*:

> Creo en el amor y en el arte como vías hacia el disfrute
> de la vida perdurable, creo en los grillos que pueblan
> la noche de mágicos cristales, creo en el amolador
> que vive de fabricar estrellas de oro con su rueda
> maravillosa…

Para finalizar, es importante reconocer los siguientes campos, para elaborar un guion de teatro escolar sin que ello constituya una receta que se deba seguir paso a paso.

Reconocer la estructura de un guion teatral: para ello es necesaria la práctica de lectura de guiones teatrales.

Definición del tema: es importante tener claridad sobre qué se quiere decir, ¿cómo lo puedo contar?, para ello se recurre a diversas fuentes siendo el niño y la niña, el vecino, el oficio del profesional.

Ordenar las ideas: usar la imaginación, para lo cual podemos recurrir a conversaciones con personas de experiencia, los niños, los libros y la web.

Estructurar el guion: ubicar el título, los personajes, la escenografía, los diálogos y acotaciones, la división si lo desea en actos y escenas, tomando en cuenta que es teatro escolar.

Actividades

— Lea de la biblioteca escolar un guion teatral y extraiga: autor, titulo, personajes, escenografía, diálogos y acotaciones.

— Realice una conversación en el aula con sus estudiantes sobre el agua u otro tema. Escriba las ideas principales e imagine un cuento.

— Con sus estudiantes en el aula de un tema seleccionado escriba en el pizarrón un título, unos personajes, y tres o cuatros líneas de diálogos. Luego cada estudiante terminará su guion por aparte al igual que usted. En una sesión posterior practique la lectura en voz alta de los textos producidos.

— Extraiga un texto de una narración histórica y llévelo al lenguaje dramático con la conversación de dos personajes.

— Describa una escenografía de un consultorio médico.

— Dibuje una escenografía para una obra sobre las notas musicales.

— Describa las características físicas de un personaje.

— Realice un guion sobre los signos de puntuación.

CAPÍTULO VI

La puesta en escena

¿Cómo montar una obra de teatro escolar?

Una vez que tengamos estructurado el texto, pasamos a llevar a cabo la materialización de las imágenes y frases allí descritas. Comenzamos a escuchar las oraciones, los personajes que hacen presencia con sus vestuarios y gestos, se construye el ambiente y damos la bienvenida al espectáculo. La puesta en escena puede resultar tan compleja como la escritura misma del guion, por ello, el director teatral es muy cuidadoso en la selección de la obra que representará. Quizá para el teatro escolar es menos complejo, por lo que cuenta con un elenco muy amplio de actores y actrices y las temáticas ya están definidas por los calendarios escolares. Pero, independientemente del género dramático, hay unos criterios simples por los cuales se orienta el director para seleccionar la obra.

Lo primero es tener claridad en lo que se quiere decir, cómo materializar una idea y llevar un mensaje para que este se haga colectivo. El tema surge de inquietudes personales, de la necesidad de contar algo, de la posibilidad de despertar consciencia frente a una situación que afecte la comunidad, de una tradición. Como la escuela desarrolla todas las temáticas sociales, culturales e históricas, no es difícil escoger un tema en para representar, porque esto ya viene dado por los calendarios que se cumplen en la planificación educativa.

Una vez seleccionado el texto debe tomarse en cuenta varios aspectos: el público a quien va dirigir la obra, como es obvio, en el caso de la escuela el público lo constituyen los niños y niñas, los docentes, los representantes y la comunidad. Los contenidos y el lenguaje serán acordes a este público con una duración moderada.

Es necesario plantearse si se cuentan con los recursos para la puesta en escena, por ello es mejor evitar obras que conlleven una producción muy costosa, con la construcción de escenografías complicadas y vestuarios que requieran gran inversión tiempo y dinero. En la escuela debemos saber hasta dónde podemos llegar y qué recursos emplear para la presentación de la obra, el mobiliario que podemos incorporar a la escenografía, la utilería con que se cuenta y el personal del que se dispone para ayudar en la producción de la propuesta teatral.

El director de teatro escolar debe conocer bien su espacio de trabajo para la puesta en escena de sus obras. Tomará en cuenta aspectos como la iluminación, la acústica, la ventilación y la cantidad de público que puede albergar el espacio que destine para las presentaciones.

Establecer un elenco en la escuela relacionado con una obra determinada depende del trabajo que haya hecho el docente de teatro en el aula. En este sentido habrá de saber cuáles son los niños con mayor capacidad de voz, espontaneidad, entusiasmo por la disciplina teatral, capacidad lectora, sentido de responsabilidad y compromiso. Al llegar al aula todos los niños querrán participar, por lo que tendrá que negociar de tal manera que los que no ubique en el momento sean tomados en cuenta para proyectos futuros, pues todo niño que desee participar debe ser tomado en cuenta.

Ahora, cuando la obra consta de muchos personajes posibilita la participación de más estudiantes y no se excluye a nadie, el problema con las obras de reparto numeroso consiste en la ausencia de actores al ensayo, siempre va a faltar alguien. Este tipo de puestas en escenas conllevan gran trabajo para mantener la disciplina, la unidad del grupo, el sentido de responsabilidad y compromiso de cada uno de los participantes hasta el día del estreno. El docente de teatro va a estar sometido a grandes jornadas de stress. Lo recomendable es realizar este tipo de puestas en escena en el aula o en la misma escuela, y no comprometerse para actos importantes porque podría suceder que el día de la presentación le falte algún actor.

Trabajo de mesa

La lectura y estudio del guion es fundamental para el logro de una buena puesta en escena, los participantes deben comprender la temática que se aborda, la dimensión de los personajes, la estructura de la obra, la terminología empleada entre todos los detalles. La lectura colectiva del guion va permitir realizar muchas aclaratorias al respecto.

Antes de la primera lectura el docente de teatro debe introducir a los niños y niñas en la temática que aborda la obra, se indaga sobre los conocimientos previos que poseen sobre el tema y los personajes involucrados, se motivan las preguntas y se procura el desarrollo de la conversación del tema. Esto es muy importante porque no se trata de que los niños enuncien palabras de un guion sin que le encuentren sentido, el estudiante debe estar identificado con el tema, tener dominio sobre lo que va a representar, que pueda hablar de ello en su contexto escolar y familiar.

Si el tema de la obra es sobre las señales de tránsito los participantes deben reconocer cuales son estas señales de tránsito, que indican, que organismo regula el tránsito, debe opinar sobre la responsabilidad de los conductores ya que la finalidad de la obra es precisamente enseñarle a los demás compañeros de la escuela y la comunidad la importancia sobre las señales de tránsito en la sociedad. Los personajes también deben ser analizados. En este caso, ¿quiénes son los fiscales o agentes de tránsito?, ¿cómo se llama el órgano que regula el tránsito en el país?

Los personajes mudos que pasan por la escuela y cuyo rostro los estudiantes apenas distinguen en imágenes del libro o pueden tropezar con él en la cartelera del mes, van a cobrar vida y se van a presentar en el público escolar para contar aspectos de su vida. El niño actor debe tener claro el personaje que va a materializar, conocer lo más que pueda del mismo. El profesor le introducirá en aspectos de este personaje, pero debe motivar a que el niño o niña indague más sobre dicho personaje, de tal manera que cuando el niño pronuncie sus líneas, se sienta identificado con él. Un niño que haga de Rómulo Gallegos no se va a olvidar de él en toda su vida, va a recordar sus parlamentos y la obra de este insigne escritor venezolano. De esto es precisamente lo que trata el teatro escolar, de propiciar conocimientos significativos y permitir que los niños y niñas reflexionen sobre lo que están aprendiendo.

En una lectura a primera vista podemos evidenciar la capacidad lectora de los niños, es probable que esta lectura sea muy lenta y llena de accidentes, unos presentaran mayor dificultad que otros y se les irán asignando líneas más cortas, hasta que se familiaricen con los diálogos. La primera lectura es exploratoria y permite que los niños se familiaricen con lo que hay allí, esta primera lectura está llena de sorpresas y emociones e introduce a los pequeños actores en diferentes roles de la sociedad. Así, si entramos en el campo de la medicina se identifican con el estetoscopio, algunas herramientas quirúrgicas, la camilla, el consultorio médico y aspectos del lenguaje de la medicina.

Aquí dan rienda suelta a sus fantasías porque pueden ser enfermeros, abogados, policías, héroes, la justicia, la paz, el color amarillo, el sol, el océano, se introducen en un mundo que les permite escapar del aula y observar los contenidos de aprendizaje desde otra óptica.

En la segunda lectura empezamos a detenernos en los detalles gramaticales de los diálogos. Aunque el lenguaje del guion de teatro escolar debe ser sencillo, tampoco debe ser un texto pobre y desabrido. Hay términos que el niño no conoce, y debe comprender en la mayor dimensión posible, conversar sobre lo que es, incluso si se hace necesario usar el diccionario. Por ejemplo:

> ÀRBOL POETA: así es, florecita de mucho color, es
> mi contextura y también doy mucha frescura.

El término "contextura" puede resultar desconocido y hasta extraño para el niño, entonces recurrimos a diferentes ejemplos para darle una definición a esta palabra en el vocabulario del niño o niña. Podríamos hablar de las partes que conforman un escritorio, repetir el vocablo. "la contextura de Juan es mediana", familiarizar el vocablo con el uso cotidiano de las actividades del estudiante. Es notorio que los niños que hacen teatro manejan un mejor vocabulario y los mismos docentes y representantes se desconciertan por las palabras con las que se expresan en diferentes situaciones comunicativas.

Después de la segunda lectura empezamos a detallar las acotaciones, para que cada actor vaya comprendiendo su personaje y las situaciones de la trama. Se repiten oraciones atendiendo a los signos de puntuación y la intención comunicativa de los personajes; de esta manera se comienza a matizar el texto con las pausas, las entonaciones, atendiendo los signos de admiración o interrogación se marcan acentos. En este proceso es aconsejable que el director y los actores trabajen con un lápiz para marcar en el guion detalles de entonación, subrayar palabras, realizar anotaciones. Hay que repetir las frases y sucede con frecuencia que el niño se encuentre con términos cuya pronunciación se le dificulta. En este caso se pronuncia la palabra sílaba por sílaba con repeticiones lentas hasta que logre el dominio de dicho término. Por esto es importante que antes de toda sesión se realicen ejercicios de respiración, calentamiento de la voz y dicción, que son aspectos que deben trabajarse de manera permanente con los niños debido a que es allí donde se halla una de las debilidades más frecuentes en el teatro escolar.

En la dinámica de la lectura del guion irán surgiendo los personajes, el reparto se puede hacer en las tres primeras lecturas, el director pondrá a repetir a los niños frases con intensidad de voz, estados de ánimo de acuerdo a las circunstancias del personaje. Por lo general, el director de teatro escolar ya conoce las capacidades de cada niño y, a veces, tiene definido el reparto antes de la entrega del guion. Pero la idea no es darle exclusividad solo a un grupo, sino buscar la forma de integrar la mayor cantidad de estudiantes a las actividades de teatro. Para ello, se planifican actividades teatrales en el aula con ejercicios de actuación, voz y dicción, gesticulación, producción de guiones, manejo de títeres y pantomimas. De allí se logra percibir los talentos en el área. No a todos los niños les gusta el teatro, pero se pueden incorporar a otras actividades como el maquillaje, la escenografía, la promoción de las presentaciones, la elaboración de carteles y trípticos.

Si hay un niño que muestra gran dificultad para leer hay que cuidar que no haya burlas y buscar estrategias para que vaya mejorando su lectura, es probable que para la siguiente sesión de ensayo ya tenga mayor dominio del texto. Cuando se asigna un papel a un actor, si es necesario hacer ajustes o cambios de personajes se pueden, hacer pero con el consentimiento del niño. Si se integró un niño o niña a la obra este debe continuar mientras los desee, retirar un niño de una obra puede traer consecuencias psicológicas de por vida. Quizá no percibimos el grado de importancia que los niños le dan a participar en una obra, muchos llevaran meses esperando que por fin el profesor de teatro los tome en cuenta para una obra y cuando son escogidos desbordan de emoción. Si el niño actor no tiene las mismas facilidades que los demás, se debe buscar la manera de ayudarlo con ejercicios de voz y dicción. Ahora, si es por miedo escénico, con las actividades de los ensayos irá adquiriendo seguridad. Debe propiciarse en los ensayos un clima de tolerancia, respeto y solidaridad entre los compañeros.

En la medida que avanzan las lecturas, los diálogos van adquiriendo forma, empiezan a emerger rasgos de los personajes en la entonación y pausa de las frases, en el intercambio de ideas, en los acentos. En algunos momentos se colocarán los guiones sobre la mesa sin hacer lectura del texto y los niños actores comenzaran a emitir sus parlamentos como si se tratara de una representación para la radio. El maestro o maestra procurará una buena dicción de los parlamentos con una buena respiración, apoyo, timbre, ritmo, volumen y musicalidad. Solo entonces empezará a ensayar los desplazamientos de escena.

Trabajo de escena

Con la puesta en escena entran en juego todos los elementos del teatro, el guion, el director, el actor, la escenografía, la iluminación, el maquillaje, el vestuario, el sonido. De todos estos: el guion, el actor y el público son imprescindibles, sin ellos es prácticamente imposible la presentación de una obra de teatro. Para el teatro escolar no se sigue tanta rigurosidad, recordemos que los escenarios son diferentes. Sin embargo ha de procurarse una buena puesta en escena, con buena escenografía, vestuario, maquillaje y sonido aparte de los recursos técnicos de los actores; voz, gestos, expresión corporal.

Posiciones del actor o actriz

Al maestro(a) le preocupa siempre cómo colocar a sus actores en escena, ubicar las entradas y salidas. Podemos ubicar los personajes en diferentes posiciones según el desarrollo de la obra. En una posición abierta el actor se sitúa frente al público lo que le permite mostrar toda la fuerza expresiva del personaje en un momento protagónico. Pero lo más recomendable es ubicar al actor en la posición de tres cuartos. Esta posición ofrece al actor una buena posibilidad de comunicación con el público y con los actores que están en escena, cuando hay tono conflictivo en los parlamentos permite que el público pueda captar las emociones de los personajes. Cuando los personajes se ubican frente a frente, mostrando sus hombros hacia el público, se debilita la comunicación con el mismo pero incrementa la sensación de enfrentamiento entre los personajes. Podemos también anular toda posibilidad de comunicación del personaje al ubicarlo en posición cerrada, es decir de espaldas al público, esto se justifica en el caso de que el personaje quiera ocultar emociones o sentimientos que vive en el momento.

Desplazamientos

Los desplazamientos de los personajes deben estar justificados en la acción de la trama, en algunos casos se alejan o en otros casos se acercan a los otros personajes o elementos escenográficos. Ocurre que nosotros los profesores incurrimos en el error de dejar a los niños estáticos, con ello casi congelamos la acción del personaje, y disminuimos las posibilidades de acción de los mismos.

Los desplazamientos pueden realizarse en curva o línea recta, pero para no complicar mucho las cosas dejémonos llevar por la acción que plantean los diálogos y las situaciones que desencadena la trama. Es importante cuidar que los actores no se tapen entre sí y que los movimientos y gestos estén adecuados a los sentimientos y emociones que se vayan expresando en el transcurso de la obra. Debemos cuidar que los gestos corporales correspondan con el estado anímico del personaje. Es frecuente que los niños muestren poca expresividad en sus manos, que hagan movimientos de cintura al hablar, las niñas frecuentan agarrarse el cabello, mueven uno de sus pies de manera repetitiva. Esto puede ocurrir por nervios o concentración y se puede ir corrigiendo de manera paulatina. En la medida que el niño actor vaya tomando confianza en el escenario sus movimientos se mostraran más precisos y seguros.

El módulo de "Música y artes escénicas de la UPEL" (1996), recomienda al respecto:

— Todo movimiento suele comenzar por los ojos, de donde pasa a la cabeza y, finalmente al resto del cuerpo.

— Cuando hay varios actores en el escenario y solo son dos los que mantienen el diálogo, la atención de los demás debe centrarse en ellos o en la persona que constituye el centro de atención.

— Cuando salen dos actores a escena hablando, generalmente debe salir adelante el que escucha y seguirlo que habla.

— Debe evitarse el alineamiento de varios actores.

— Hay que procurar no cubrirse ni cubrir a otros.

— Por lo general, los actores no se sientan todos a la vez, sino cada uno de acuerdo a su parlamento. Para levantarse, el actor necesita tener un motivo o experimentar una reacción de suficiente fuerza.

Escenografía

En la propuesta escenográfica no es necesario atiborrar de objetos el escenario. Los elementos deben ser mínimos de acuerdo a los objetivos que persigan la obra y la propuesta del director. En el teatro escolar hay obras que no requieren de un gran despliegue de escenografía. En una obra sobre la producción de la panela no será necesario trasladar cantidad de caña, el molino, las pailas y los moldes, aun si lo pide el guion, debemos aprender a resolver de la manera más simple. En la obra "sol negro" los piratas se montan en un barco y cruzan el mar, ¿cómo resolver esto en una sala pequeña de teatro?, un querido profesor de teatro lo resolvió con un pedazo de plástico azul, un barquito de juguete y una cuerda, los personajes halaron el barquito de un lado al otro del escenario y resuelto el gran problema. En solo cuatro metros cuadrados se colocó el mar y una embarcación.

La imaginación juega un papel muy importante en la propuesta escenográfica, sobre todo cuando el público principal son los niños, y debido a la carga pedagógica que conlleva el teatro escolar. La escenografía está llena de color, de figuras grandes y agradables. Ocurre también que algunas obras cortas no requerirán de un gran despliegue escenográfico, en el teatro escolar hay obras de tres y cuatro minutos. En una obra sobre la contaminación, con pedazos de papel, latas, cartones y envolturas podemos ambientar un basurero, al fondo de puede colocar una cartelera alusiva al tema,

En la composición plástica de la escenografía es necesario equilibrar los elementos que colocaremos en escena, de acuerdo a la referencia y usos que hagan de los mismos los personajes. Los elementos se ubican también en posición de tres cuartos, procurando no recargar la escena hacia uno de los lados del escenario. La cuestión es crear una ambientación para ubicar el espectador en un lugar que puede ser un consultorio, un bosque, un jardín, un aula de clase, el cielo, una calle o la sala de una casa. Con una buena escenografía, además del vestuario le damos una riqueza visual a la puesta en escena.

Vestuario

Sabemos que el vestuario para teatro escolar es muy variado por las tantas situaciones y personajes que se representan en el ámbito educativo. Puede ocurrir que por el vestuario se abandone el montaje de una obra. El director de teatro escolar debe ser conocedor del nivel socioeconómico de los estudiantes de la escuela. Hay niños cuyos representantes son colaboradores y se esmeran en hacerle sus trajes, los cuales de manera afortunada casi siempre son donados a la escuela. Si un niño de bajos recursos no puede confeccionar su traje, entonces se recurre a fondos de dinero de la escuela, a una colecta o el mismo profesor de teatro termina costeando el traje. Al final todos estos recursos van a enriquecer el inventario de trajes para el teatro escolar.

Como docente de teatro escolar es conveniente tener en el inventario de trajes: el militar de la gesta independentista; Bolívar, Sucre, Santander, San Martín y demás héroes de nuestros países deben dialogar constantemente con nuestros niños infundiendo valores patrios. También trajes de profesiones como médico, policía, bombero, sacerdote, trajes de árbol, de animales como el conejo, el tigre, la tortuga, el perro. Es frecuente que los representantes donen trajes para teatro, lo que debe estar atento el director de teatro escolar es no dejarse llenar de cantidad de ropa vieja que a la final no va a utilizar.

Sonido

Es recomendable tener una buena colección de música que varíe desde la música clásica e instrumental hasta la música folclórica de las diferentes regiones y manifestaciones del país. También efectos de sonido y discos preparados de acuerdo a los requerimientos de la obra que se vaya a presentar. Es común que toda escuela posea su equipamiento de sonido, en las presentaciones en el patio central con la asistencia de todos los estudiantes, se requiere de unos buenos micrófonos para que puedan llamar la atención de los presentes. Como es un espacio abierto no van a tener acústica. Lo ideal es usar micrófonos inalámbricos ceñidos al cuerpo, solo que estos son de elevado precio. El uso de micrófono en las manos entorpece el desenvolvimiento de los actores, y más si no se ha realizado ensayo con los mismos. Lo que se puede hacer es ubicar micrófonos abiertos a una distancia prudente que no entorpezca el desplazamiento de los actores. Este es un problema frecuente cuando se hacen presentaciones en tarimas de plazas públicas. Muchas veces se pierde la esencia de la obra y se frustra el trabajo de meses por un mal sonido o por los inconvenientes que pueden causar los cables y el poco espacio escenográfico.

Con referencia al maquillaje, este se puede ubicar en una caja que contenga, polvos, labiales, algodón y lápices para tal fin. Es importante tener cuidado con los productos que se utilicen, de manera que no vayan a causar alguna alergia en la piel de los estudiantes. Siempre debe existir la comunicación y participación de los padres y representantes en estas actividades, con ellos se pueden conquistar importantes logros para el desarrollo de la actividad de teatro en la escuela.

La iluminación es un elemento muy útil para destacar personajes y crear atmósferas, solo que en el teatro escolar se usa muy poco en primer lugar porque la mayoría de las obras se presentan en el día y en segundo lugar porque los escenarios de representación generalmente son abiertos. Son muy pocas las escuelas que poseen auditorio con las condiciones mínimas para espectáculos teatrales. Una realidad es que incluso es difícil hallar espacios para las sesiones de ensayo que permitan la concentración de los estudiantes en los ejercicios que se les asigne. No obstante el docente de teatro debe conocer los recursos que permite la iluminación y buscar la posibilidad de reunir los elementos básicos de iluminación para presentaciones nocturnas o en caso de presentaciones fuera de la escuela en escenarios con condiciones para representación de obras más estructuradas.

Actividades

— Seleccione un guion de teatro escolar o infantil y analice: personajes, escenografía, diálogos, acotaciones. Luego defina si tiene el reparto, el espacio y los recursos para el montaje en su espacio escolar.

— Seleccione el elenco de acuerdo al nivel de lenguaje y temática de la obra

— Realice una lectura analítica con el grupo y establezca: temática, contexto histórico y social, terminología desconocida. Desarrolle una conversación acerca del tema que establezca la misma obra.

— Ubique en la internet imágenes sobre las posiciones del actor en escena.

— Evalúe los posibles espacios para representar obras de teatro en su escuela.

— Realice un inventario sobre el vestuario y utilería que posee para la puesta en escena de obras de teatro.

CAPITULO VII

¿Cómo hacer teatro escolar?

La dinámica del teatro escolar tiene unas particularidades que lo diferencian de otras manifestaciones del arte dramático, sin que por ello se pierda la esencia del mismo y los recursos que en este caso se ponen en servicio de la educación como una herramienta prodigiosa para generar actitudes y despertar la imaginación de la comunidad educativa. Hemos visto cómo su espacio de representación varía según las circunstancias de aprendizaje y enseñanza, como el guion se estructura en cuanto a su extensión y contenidos, las características del lenguaje de acuerdo a las edades escolares, los recursos en vestuario y escenografía que emplea. La cuestión es, ¿cómo se desarrolla la actividad teatral en la escuela cada día?, el docente de teatro escolar está inmerso en un ambiente educativo, su campo de acción es el aula, la biblioteca, el salón de usos múltiples, la comunidad.

Hay escuelas con una elevada matricula y casi la totalidad de los estudiantes van a querer participar en las actividades teatrales, por esta razón debe existir una planificación que permita llevar esta disciplina a todos los espacios de la escuela, involucrar todos sus actores, desde la directiva, el personal obrero, docentes, representantes y, por supuesto, todos los niños y niñas que hacen vida en la institución educativa. Para ello, la actividad teatral se puede desarrollar dentro y fuera del aula es decir que dentro de las variables del teatro en la escuela este se puede desarrollar como asignatura, como método de aprendizaje o como actividad complementaria.

El teatro, como asignatura, permite que el estudiante reconozca las variables del teatro, como su historia, elementos expresivos, desarrollo de técnicas de voz y dicción, actuación, expresión corporal, géneros teatrales. Pero también dinamiza la clase, posibilita espacios para despertar la imaginación y para comunicarse.

Cuando abordamos el teatro como método de aprendizaje se abren nuevas posibilidades para la comprensión de los contenidos curriculares. La técnica teatral se aplica en el aula y genera un clima de confianza, se rompe con la horizontalidad de los contenidos porque se motiva a la participación de los estudiantes y la producción de respuestas creativas por parte de los mismos. "El aula permite desarrollar el concepto de valoración y autovaloración en cada una de las etapas de trabajo" (Lagos, 2011).

Por otra parte, el docente de teatro escolar necesita una bibliografía para el desarrollo de su trabajo: guiones, manuales, revistas, teoría teatral. Estos textos son muy pocos, y se hace muy difícil conseguir obras de acuerdo a las demandas del calendario escolar. Sin guiones no se puede hacer teatro, así sea un simple ejercicio hay que recurrir a las notas que guíen esta actividad. Este, quizá, es el mayor reto que debe enfrentar el maestro de teatro escolar, por lo tanto debe entrenarse en la escritura de guiones, conocer bien la estructura y realizar ensayos en dramaturgia. Es lógico que no todos posean esta aptitud, escribir un guion es como escribir un poema o un cuento. Debe haber una sensibilidad, un nivel cultural y, sobre todo, un toque de magia e imaginación. Pero se puede recurrir a otras estrategias que ya señalamos, y estar atento en las librerías donde haya material que pueda ser de su utilidad, también estar en contacto con otros maestros y maestras que comparten esta misma actividad, esto permite el intercambio de materiales y de experiencias.

Se entiende que el profesor de teatro escolar debe tener una formación mínima en esta disciplina. Esto no se aprende con uno o dos talleres. Se requiere de una investigación permanente que obliga a leer guiones, asistir a funciones teatrales, realizar talleres, entre otros. Además, debe conocer estrategias de planificación de la instrucción. Es un docente como todos, que desarrolla actividades escolares, planifica la clase, pasa asistencia, evalúa. Pero, además, se transforma en niño para contagiar la clase de fantasía a través del juego dramático Su responsabilidad es mayor por cuanto debe propiciar experiencias de aprendizaje desde el teatro, esto lo obliga a conocer el sistema curricular y las diferentes teorías de la educación.

A parte de un repertorio de obras, debe establecerse un baúl de teatro que contenga sombreros, pelucas, espadas de madera, máscaras, trajes. La ventaja es que de las obras que se van representando van quedando estos materiales que deben ser guardados con celo.

Es importante el contacto permanente con los representantes del niño, sobre todo si se amerita el traslado fuera del recinto escolar. Esto es sumamente delicado, porque de suceder algún accidente la responsabilidad recae directamente sobre el profesor. Siempre lleve las autorizaciones por escrito y hágase acompañar de los padres y profesores para estas salidas, así tendrá un mayor cuidado y control disciplinario de los niños.

Los elementos escenográficos están disponibles en cada rincón del recinto escolar: sillas, muebles, materos, flores artificiales, cuadros, afiches, telas, plásticos, maderas, estantes, camillas, carteleras sirven para crear ambientaciones. Es necesario también proveerse de *parabanes* para crear los fondos de las escenografías y resguardar los actores del público antes de su salida, tratar que estos sean livianos y fáciles de transportar.

Es importante tomar en cuenta el calendario escolar y fijar las fechas en que se requieran representaciones de obras, de tal forma que con antelación se vayan seleccionando los guiones, los actores y los recursos para la producción. Por más corta que sea la obra siempre necesita de una preparación, es decir, seguir los pasos de la puesta en escena: establecer el reparto, el proceso de lectura colectiva, fijar los desplazamientos de escena, ubicar el vestuario, la escenografía y musicalización de la obra. Así, en la semana del ambiente se podrá contar con una o dos obras o para el día del libro se podrá hacer una representación que invite a reflexionar sobre la importancia de la lectura.

Debe considerarse un horario para el desarrollo de clases en aula y un horario de ensayo y producción de obras. En las clases de aula podrá percibir talentos y entusiasmar a los niños para participar en las actividades teatrales. Es frecuente que los docentes de aula estén pidiendo montaje de obras para cumplir con ciertas asignaturas o compromisos escolares como el día de la alimentación, por ello es importante tener un buen inventario de obras cortas para facilitarles a los maestros que no sean muy extensas y complejas en su producción.

Las clases en el aula se planifican en virtud de la edad de los niños. Podemos ubicar actividades para la etapa de preescolar en las cuales se usa el recurso del cuento dramatizado, el profesor debe tener la capacidad de imitar las voces de los personajes del cuento, para ello ha de entrenar y cuidar su voz. En esta etapa se pueden trabajar ejercicios de expresión corporal y desplazamientos para el desarrollo de la motricidad. A los niños de esta edad le encantan los juegos y se pueden ensayar personajes con frases cortas y con el uso de máscaras y sombreros. El títere se adueña de estos ambientes atrapando la atención de los niños, incluso llega a desplazar al mismo profesor en el manejo de la clase.

Para los niños de primera etapa que están entre los 6 a 9 años se emplean estrategias similares, pero se pueden usar otros recursos como los trabalenguas, las retahílas y ejercicios de vocalización, con ello pronuncian las palabras con más claridad y desarrollan su capacidad de lenguaje oral. En esta etapa también nos valemos del dibujo para llevar el teatro al aula, se pueden dibujar las expresiones del rostro, los diferentes títeres, una escenografía, las máscaras del teatro. Siempre la clase será muy activa y se debe procurar mantener el orden de los participantes.

Con los niños de tercera etapa que están entre los 10 y 11 años se puede abordar la historia del teatro, la estructura del guion teatral, los géneros del teatro, ejercicios de actuación. Otra actividad consiste en la elaboración de guiones y títeres con materiales reciclables y la posterior representación de pequeñas obras en la misma aula.

Las actividades de aula deben planificarse tal como se hace con cualquier asignatura, es decir, con actividades de inicio, desarrollo y cierre. Es necesario elaborar instrumentos de observación, un cuaderno de registros anecdóticos, tomar asistencia y elaborar recursos para el desarrollo de la clase como títeres, trajes, sombreros, pelucas y teatrino de escritorio, que consiste en una caja de cartón pintada con motivos alegres que por lo general se coloca en el escritorio del maestro y desde allí los niños junto al profesor realizan sus representaciones de títeres. Esto garantiza una clase dinámica, alegre, participativa, experimental por los resultados inesperados que se generan.

En este caso nos referimos al teatro visto como asignatura que es algo muy nuevo en la escuela y sobre lo cual hay que investigar mucho todavía, sobre ello hay muy poco material aun. Por ejemplo, en los planes curriculares de los ministerios de educación el teatro se asoma como una actividad vinculada con el área de lenguaje o de educación artística, pero no como una asignatura con un plan de objetivos, estrategias, contenidos y evaluación que permitan al docente de teatro escolar una planificación para todo el periodo de clases.

Es en el teatro como asignatura que se desarrolla en el aula donde más se evidencia el desarrollo de competencias cognoscitivas de los niños con implicaciones trascendentes en el desarrollo de su aprendizaje. Es decir, que si se mantiene un plan de actividades de teatro de aula desde los primeros grados, lo más probable es que antes de que estos niños pasen a estudios de bachillerato posean un grado de madurez intelectual mayor, capacidad en la toma de decisiones, capacidad para pensar lógica, clara y profundamente, podrán cultivar su sensibilidad y valores como opción para auto realizarse, van a responder a las exigencias intelectuales que exige un mundo globalizado en el que cada segundo se produce una inmensa cantidad de información. Lo mejor es que podrán vivir alegres, con una percepción positiva de la vida y abiertos a los cambios. Este tema es demasiado amplio y se necesita de una mayor investigación para la compresión de este fenómeno y así ofrecer alternativas en este sentido.

Fuera del aula operan otras variables, se trabaja con un menor número de estudiantes según el caso, los ejercicios van dirigidos más a fortalecer su desempeño en el escenario y el desarrollo de técnicas actorales. El área de trabajo será un auditorio si lo tiene la escuela o un aula destinada para teatro. Igual el desarrollo de competencias está implícito, independientemente de que en este caso el teatro sea visto como una actividad complementaria de los estudios formales. Lo que se trata es que desde cualquier perspectiva del teatro en la escuela, el estudiante tenga la posibilidad de mostrar su potencial creativo de forma espontánea.

Nada fácil es la labor del profesor de teatro escolar, por un lado debe estar atento a la realidad social en que se halla la escuela como eje integrador y transformador de la sociedad, conocer las teorías y prácticas del hecho educativo y por otra parte debe estar inmerso en la incertidumbre mágica que se halla detrás del telón del escenario teatral. Son pocos los artistas que ejercen la profesión docente y muchos menos los profesores que corren el riesgo de aventurarse en el campo de las artes dramáticas.

CAPÍTULO VIII

Ejercicios

Las dos herramientas de las que se vale el actor para hacer teatro son su voz y su cuerpo. Ambos deben ejercitarse para estar dispuestos a las exigencias de su personaje. En los niños, lo que más hay que cuidar es su voz y dicción, aquí radica la gran debilidad del teatro con niños, sin embargo con ejercicios adecuados se puede desarrollar en los actores el manejo adecuado de la voz y la respiración. En lo demás no hay que hacer muchos esfuerzos, pues el niño es actor por naturaleza y en muchos casos más bien sobrepasan los límites de la actuación exagerando sus personajes.

No es difícil conseguir material para detallar ejercicios para el desarrollo de una buena voz, técnicas básicas de actuación o expresión corporal, en la mayoría de manuales de teatro los autores dan sus recomendaciones que coinciden. En internet conseguimos cantidades de páginas para guiarnos en ejercicios aplicables al teatro escolar, por lo tanto, aquí solo señalaremos algunos ejercicios básicos.

Ejercicios de voz y dicción

La voz constituye el puente de comunicación con todos los seres humanos, gracias a ella podemos articular palabras y desarrollar un lenguaje con el cual percibimos el mundo y comunicamos lo que pensamos y sentimos. Debe procurarse un gran cuidado en la voz del niño. Sus cuerdas vocales son muy delicadas, por lo que no se le debe exigir más de su capacidad. El docente de teatro escolar conocerá la capacidad de voz de sus estudiantes. Con una rutina de ejercicios podemos concientizar a los niños en la importancia de la voz para el teatro y al mismo tiempo mejorar su capacidad de desempeño en sus parlamentos, con una buena impostación de la voz y una buena dicción.

Los niños disfrutan muchos estos ejercicios en los que se combina la respiración con la emisión de sonidos, los juegos de frases y trabalenguas. Para el calentamiento de la voz partimos de ejercicios de respiración. En el proceso de respiración es importante inhalar profundamente para eliminar impurezas del sistema respiratorio. Cuide que solo se mueva el abdomen, el pecho y los pulmones no deben moverse.

Estos ejercicios son importantes porque le permitirán al niño y la niña relajarse y hallar mayor concentración además de calentar la voz y obtener los beneficios de una buena respiración. El módulo de Música y Artes Escénicas de la Upel (1996), sugiere estos ejercicios:

— Tome aire lentamente por la nariz, manteniendo la boca cerrada.

— A medida que llene sus pulmones, empuje el diafragma hacia abajo y deje que se expanda su abdomen. Retenga el aire contando mentalmente hasta cinco.

— Bote aire por la boca suavemente, contraiga el abdomen y diafragma hasta que sienta que ha expulsado todo el aire de sus pulmones. Estos pasos de respiración se denominan "respiración costo bajo diafragmática.

— Realice de nuevo la respiración pero esta vez hágalo acostado en posición de cúbito dorsal.

— Coloque un objeto liviano sobre su abdomen y observe como el objeto sube a medida que usted inhala el aire por la nariz. Retenga el aire. El objeto permanecerá inmóvil. Expulse el aire por la boca y note como el objeto desciende.

— Sople una hoja de papel en forma continua o intermitente para observar la diferencia: si es continua, el papel conserva la misma posición, si es intermitente, el papel se desplaza.

Estos ejercicios se pueden aplicar en un espacio abierto y con ropa cómoda. En el aula también se pueden aplicar ejercicios de respiración:

— El maestro ilustrará de manera sencilla como es la respiración diafragmática. Con la mano en el abdomen, inhala y exhala aire de manera repetida, luego los niños lo imitarán.

— De pie junto al pupitre, los niños y niñas toman aire por la nariz y exhalan por la boca a tres tiempos. El docente dirigirá los tiempos y puede ampliarlos hasta diez tiempos.

— Se toma una hoja de papel y tomando aire por la nariz luego se sopla la hoja a cinco tiempos.

— Se toma aire por la nariz y luego se exhala con emisión de las vocales a tres tiempos.

— Tomar aire por la nariz y en una sola emisión exhales contando exageradamente con articulación y exageración hasta donde le permita su capacidad pulmonar. Esto le ayudara a los niños y niñas a administrar el aire.

Ejercicios de vocalización

La técnica de la vocalización es fundamental para ayudar a los estudiantes a desarrollar una buena dicción. Surgen frecuentemente en el texto palabras que al niño o niña se le dificulta articular, pero con el empleo de esta técnica la palabra poco a poco va tomando forma hasta que se escucha de manera fuerte y clara. Aquí se sugieren algunos ejercicios, pero hay material abundante sobre este tema en internet y en las bibliotecas escolares.

— Abrir la boca al máximo y mantenerla abierta por diez segundos. Repetir el ejercicio en series de cinco.

— Sacar la lengua lo más que puedas y vuélvela a su posición normal. Repite el ejercicio por series de cinco.

— Enunciar las vocales en una sola emisión de aire, dibujando cada vocal en su boca.

— Leer un fragmento de un guion: riendo, llorando, con rabia, con miedo, con alegría, con tristeza, con dolor, con prisa, con pereza.

Vocalizar las siguientes silabas:

bla, ble, bli, blo, blu
cla, cle, cli, clo, clu
ela, ele, eli, elo, elu
fla, fle, fli, flo, flu
gla, gle, gli, glo, glu
ila, ile, ili, ilo, ilu
la, le, li, lo lu
ma, me, mi, mo, mu
nala, nele, nili, nolo, nulu
ola, ole, oli, olo, olu
tla, tle, tli, tlo, tlu
ula, ule, uli, ulo, ulu

Repetir la siguiente frase exagerando su gesticulación y articulación.

— Mañana por la mañana veré a Juana por la ventana.
— Meñene per le meñene veré e jene per le ventene.
— Miñini pir li miñini virí i jini pir li vintini.
— Moñono por lo moñono voró o jono por lo vontono.
— Muñunu pur lu muñunu vurú u junu pur lu vuntunu

Pronunciar los siguientes trabalenguas:

— En la mañana, la mamá de Ana Zabala va a la plaza a cambiar cáscaras de naranja por manzanas, bananas, patatas y calabazas. Para lavarlas, aplastarlas, amarrarlas, cmpacarlas, cargarlas y mandarlas a Canadá.

— Compadre yo no compro coco, porque como poco coco como, poco coco compro.

— En el peral de Pedro aparecieron pocas peras, porque los perros pudieron pescarlas a pesar de las pedradas que, con poca puntería, les propinaba Paco.

— Ese Lolo es un lelo, le dijo Lola a Don Lalo, pero Don Lalo le dijo a la un lila don Lalo. Lola: no Lola, eso Lolo no es lelo, es un lila, ese Lolo ¿en vez de ser lelo?, si Lola, es un lila y no un lelo ese Lolo, le dijo Don Lalo a la Lola.

— Juan Crima le dio grima al quemarse ayer con crema, si la comes por encima y tiene razón Zulema, mucha crema come Crima.

Para cuidar la voz:

— No permita que los niños consuman bebidas muy heladas y menos antes de un ensayo o presentación.

— La inhalación del aire debe hacerse siempre por la nariz para evitar enfriar las cuerdas vocales.

— Cuando los niños emitan sus parlamentos deben hacerlo en forma moderada, sin gritar o forzar la voz para evitar consecuencias dañinas.

— No ubique los actores frente a corrientes de aire cuando van a actuar.

— Si se encuentra acalorado evite entrar a un local con aire acondicionado. Espere un poco antes de entrar.

Ejercicios de expresión corporal

El niño o niña no requiere de una preparación exhaustiva en materia de expresión corporal, en su condición de niños tienen la capacidad de resolver algunos personajes que ameriten movimientos o caracterizaciones que impliquen saltos, caídas, congelamientos, agacharse, doblarse entre muchas otras acciones. No obstante, es importante que reconozca el potencial comunicativo de su cuerpo y cómo a través de éste puede representar situaciones que representen un estado de ánimo, un valor, un relato, un objeto, o cualquier personaje. Se sugieren algunos ejercicios básicos para introducir los estudiantes en esta materia del teatro en la escuela.

Nos quitamos el polvo con las manos. Consiste en quitarle el polvo al compañero y después limpiarlo con delicadeza.

— Jugamos con la cara del compañero haciendo muecas con las manos.

— Vamos caminando por el espacio y nos saludamos, nos damos la mano y luego nos despedimos.

— Vamos caminando por el espacio y cuando nos conseguimos con el compañero lo saludamos como si hiciera mucho tiempo que no lo viéramos.

— Practicar diversas formas de desplazamientos, imitar la forma de caminar de los compañeros una vez se observa los desplazamientos de este por el escenario.

— Proponer como camina: un sacerdote, un profesor, una señorita, un abuelo, un militar, una persona con discapacidad, un enano, un gigante. El docente podrá buscar otros estereotipos para su sesión de clase.

— Proponer imitación de animales empezando por los invertebrados (una lombriz, una mariposa, un zancudo), y vertebrados (un ave, un mono, un tigre, gato) igualmente el docente y los mismos estudiantes propondrán otros ejemplos para imitarlo.

— Representar corporalmente sentimientos y emociones. Tristeza, alegría, frio, calor, envidia, dolor, rabia, miedo… en estos ejercicios no se deben articular palabras. El cuerpo es el medio de expresión para comunicarse.

— Con estos ejercicios se pueden realizar propuestas de teatro de pantomima.

CAPÍTULO IX

Obras

He aquí una pequeña muestra de guiones de teatro escolar. Estas obras surgen en el seno de la misma escuela, es decir, que responden a la dinámica del hecho educativo para complementar lo visto en aula, desarrollar una campaña de salud, despertar la consciencia ecológica, rescatar valores de la cultura regional, exaltar personajes de gran importancia en la historia nacional.

En *El río está enfermo*, el lector podrá apreciar cómo elementos de la naturaleza cobran vida en un lenguaje sumamente sencillo, que con situaciones humorísticas nos llevan a la reflexión sobre la importancia de los árboles y los efectos de la contaminación.

Luego con *La diabetes y la insulina*, recreamos la importancia del cuidado de los pies en la persona diabética, la diabetes se convierte en un personaje burlesco al cual la insulina combate con empeño. Este tema generalmente se desarrolla en clase con explicaciones, exposiciones, lecturas y discusiones, pero cuando los personajes pasan del papel a la realidad el mensaje es más contundente y el aprendizaje se da de manera significativa.

La Faena nos lleva a situaciones referidas a la explotación del café. Esta obra de carácter costumbrista emplea un lenguaje propio de los campesinos de los andes venezolanos, nos ilustra sobre términos propios de la recolección y comercialización de este fruto y sobre situaciones cotidianas que se presentan en un cafetal. En este tipo de obra se valora el trabajo, se reconocen las costumbres de la comunidad campesina, se promueve el respeto y la convivencia, se aprende sobre formas de producción y responsabilidad social.

Por último con *Bolívar y Miranda, 1810* ilustramos aspectos preliminares a la declaración de la independencia venezolana, los principios y valores que movieron estos dos insignes héroes latinoamericanos. Surge en su conversación un personaje perverso que representa los valores negativos de la sociedad. Con este personaje se abre espacio a la fantasía en un texto de corte histórico para hacerlo más dinámico y atrapar la atención de los espectadores. En este tipo de obras el dramaturgo debe ser muy cuidadoso y recurrir a varias fuentes, para ser lo más fiel posible a los acontecimientos históricos representados.

El río está enfermo

Personajes:
Árbol poeta (frondoso y temeroso).
Manantial (un niño alegre y soñador).
Riachuelo (joven libre e impetuoso).
Río (anciano débil y moribundo).
Leñador (incrédulo y materialista).
Ave que canta (ama la naturaleza).

Escenografía: A la izquierda se halla el árbol poeta y al fondo un bosque o montaña, entra el leñador cantando hacha en mano. Podemos hacer arboles de cartón que acompañen al árbol poeta. Los trajes de Manantial, Riachuelo los podemos elaborar pegando tiras de tela plateada a una franela y pantalón viejos, las tiras del rio serán doradas y podemos agregarle una capa en la cual podemos pegar envolturas de caramelos, cartones de jugo y latas de refresco. Los rostros irán pintados del mismo color que las tiras.

LEÑADOR: Aquí viene el leñador, yo soy muy trabajador, busco leña pa' mi hogar… He aquí un buen árbol para derribar, se ve de buena madera. De aquí saldrán unas buenas camas, unos cómodos muebles y, qué sé yo…, mucha leña 'pal fogón. Bien, ¿dónde empiezo el corte?, veamos, por aquí…, no tal vez por aquí…, mejor por aquí. (Cuando va a dar el golpe)

ÁRBOL POETA: ¡Alto, buen hombre! ¡No lo haga!

LEÑADOR: ¡Caray!, ¿quién habló?

ÁRBOL POETA: Soy yo, buen amigo.

LEÑADOR: ¡Caracoles! Un árbol que habla, no puede ser.

ÁRBOL POETA: Si usted me derriba no daré más sombra.

LEÑADOR: ¡Cáspita!

ÁRBOL POETA: Y tampoco ricas y dulces frutas.

LEÑADOR: ¡Recáspita!

ÁRBOL POETA: Y la fresca y suave brisa no vendrá por aquí.

LEÑADOR: ¡No!, esto no es verdad, estoy alucinando, es el cansancio. Mejor reposo un ratito bajo esta plácida sombra y luego iniciaré mi faena.

ÁRBOL POETA: Por supuesto, descanse buen amigo.

LEÑADOR: Ah no, tú no existes, ni estás hablando, es producto de mi imaginación, no te escucho. (Pausa. El leñador se recuesta bajo el árbol, música de fondo, pasa una mariposa multicolor y entra Manantial quien va tras ella).

LEÑADOR: ¡Cónfiro!, este bosque como que está encantado, mejor derribo este árbol de una vez y cobro mi dinerito. Ahí voy.

ÁRBOL POETA: ¡Espere!, un momentito.

LEÑADOR: No te escucharé…, que buen dinero me voy a ganar.

MANANTIAL: ¡Alto!, no lo haga.

LEÑADOR: Y ahora tú niño, ¿qué haces por aquí?

MANANTIAL: Yo soy un manantial y algún día un gran río seré y hasta el mar llegaré.

LEÑADOR: 'Ta bueno eso, pero ahora yo tengo que trabajar.

MANANTIAL: Los árboles no se deben cortar, porque ellos son fuente de vida.

LEÑADOR: Ah sí, ¿y por qué?

MANANTIAL: Porque ellos producen el agua.

ÁRBOL POETA: Sí, nosotros producimos el agua.

LEÑADOR: Ahora que dicen agua, tomaré un poco, tengo sed.

ÁRBOL POETA: Si tumban los árboles, ya no habrá agua.

MANANTIAL: (Con tristeza) ni manantiales.

LEÑADOR: Está bien, está bien, no tumbare el árbol, llorón este.

MANANTIAL: ¡Bravo!

ÁRBOL POETA: Él es un leñador bueno.

LEÑADOR: Ya puedes irte tranquilo niño.

MANANTIAL: Los árboles son importantes y los manantiales también, donde hay muchos árboles, hay manantiales, y si hay muchos manantiales, habrá mucha agua, es por ello que no se deben tumbar los árboles.

ÁRBOL POETA: Y los árboles también producimos oxígeno.

MANANTIAL: Sin oxígeno no habría vida.

LEÑADOR: Ta bueno carricito, ahora vete tranquilo.

MANANTIAL: Pero no va a derribar el árbol poeta.

LEÑADOR: ¡Te lo juro! Este árbol es mi amiguito mira. (Abraza al árbol)

MANANTIAL: Así me voy tranquilo a caminar por los bosques…, adiós. (Sale)

LEÑADOR: Bien, ya se fue el muchachito fastidioso ese, y ahora manos a las obra, a derribar este tonto árbol, que hace falta leña en casa.

ÁRBOL POETA: Pero señor, usted dijo…

LEÑADOR: Sí, sí, sí…, y ahora cállate que los árboles no hablan. Y tampoco son poetas ¡Ja!

ÁRBOL POETA: Poeta soy, sí señor.

LEÑADOR: Esto no está sucediendo, yo no estoy hablando con un tonto árbol. Así que a derribar este tronco (entra el riachuelo).

RIACHUELO: ¡Detente!, miserable bribón, deja ese arbolito en paz.

LEÑADOR: Ah, no puede ser, y ahora, ¿quién eres tú?

RIACHUELO: Yo soy el riachuelo, corro por todos lados con alegría, entre las piedras, por la montaña abajo, voy creciendo hasta ser un enorme y caudaloso río que llegará hasta el mar sin desvío.

ÁRBOL POETA: Los riachuelos son muy alegres.

LEÑADOR: Si, ya veo…, ¿pero a mí que me importa?

RIACHUELO: Oh sí, los riachuelos llevan el agua a tu casa.

ÁRBOL POETA: Para que te bañes y hagas comida.

LEÑADOR: ¿Y eso qué tiene que ver contigo?

RIACHUELO: Si talas los árboles, los riachuelos mueren.

ÁRBOL POETA: Y luego no habrá agua en tu casa.

RIACHUELO: Y todas las plantas y los animales se morirán de sed.

ÁRBOL POETA: Y también los humanos.

RIACHUELO: Así que mejor te vas.

LEÑADOR: Pero necesito leña.

ÁRBOL POETA: Usa gas.

LEÑADOR: Es que no tengo cocina.

RIACHUELO: Cómprate una, y ahora…, ¡fuera!

LEÑADOR: Pero…

RIACHUELO: ¡Fuera!

LEÑADOR: Está bien, me voy…, que no hay agua, si será mentiroso; abajo abunda el agua. (Sale).

RIACHUELO: Ahora sí me voy alegre y feliz amigo arbolito.

ÁRBOL POETA: Gracias amigo Riachuelo, que tengas un feliz día.

RIACHUELO: Hasta la vista Árbol Poeta. (Sale cantando) yo nací en una ribera del Arauca vibrador…

ÁRBOL POETA: Ay qué paz tan deliciosa, haré un poema a mis amigos Manantial y Riachuelo (entra el leñador con cautela).

LEÑADOR: ¡Ja, ja, ja! Ya se fue el Riachuelo entrometido ese, ahora sí nadie me detendrá…, veamos, por donde daré el primer corte…, ahí voy… (Sale el ave que canta).

AVE QUE CANTA: ¡Detente hombre malo!, ¿por qué quieres destruir mi hogar?

LEÑADOR: Y ahora…, ¿quién eres tú?

AVE QUE CANTA: Soy el ave que canta, soy el dulce sonido que escuchas en las mañanas cuando te levantas.

LEÑADOR: Ah sí, muy bonito, pero este árbol necesito para hacer un techo y un poco de leña.

AVE QUE CANTA: De ninguna manera bribón, este es mi hogar y si lo derribas yo no tendré donde guarecerme de la lluvia y el frío de la noche y entonces…

LEÑADOR: ¿Y entonces qué?

AVE QUE CANTA: (triste) Los niños no podrán disfrutar de mis cantos.

ÁRBOL POETA: Si derribas los árboles los pajarillos no tendrán hogar.

AVE QUE CANTA: ¡Correcto! Y tendremos que emigrar a otros lugares que ya quedan pocos.

LEÑADOR: ¡Bah! A mí no es que me gusten tanto los pajarillos.

ÁRBOL POETA: Pero si es bello verlos revolotear con sus plumas multicolores.

AVE QUE CANTA: Y sus cantos de mil amores.

LEÑADOR: Pero soy leñador y mi oficio es árboles derribar (se escucha una música suave, entra Río viejo y cansado).

AVE QUE CANTA: Es el señor Río.

ÁRBOL POETA: Se ve cansado.

RÍO: Buen día, queridos amigos. (Tose)
LEÑADOR: Este abuelo como que está enfermo.
RÍO: Antes era fuerte y caudaloso.
ÁRBOL POETA: ¿Y ahora?
RÍO: Me han contaminado.
AVE QUE CANTA: ¿Cómo contaminado?
RÍO: La gente arroja basura en las riberas, sustancias tóxicas en el agua.
LEÑADOR: Yo no contamino ríos.
RÍO: Hay aves de rapiña en las orillas y manchas negras matan los peces…, los animales se mueren de sed.
ÁRBOL POETA: Eso es muy triste.
LEÑADOR: ¡Ay no!, Yo no sé.
RÍO: Ya los niños no van a bañarse. (Tose).
AVE QUE CANTA: ¿Cómo?, si el agua huele mal.
RÍO: Me estoy secando poco a poco, el sol es fuerte y están tumbando los árboles.
LEÑADOR: Yo no fui. (Bota el hacha).
RÍO: Ya casi no hay manantiales ni riachuelos.
ÁRBOL POETA: ¿Por qué?
RÍO: Porque se están acabando los árboles.
ÁRBOL POETA: Eso es malo.
AVE QUE CANTA: Muy malo.
LEÑADOR: Bueno yo…, ¡renuncio a mi oficio de leñador!
ÁRBOL POETA: ¡Bravo!
AVE QUE CANTA: ¡Qué bien!
LEÑADOR: Ahora en adelante seré un sembrador de árboles para que el señor Río ya no esté enfermo.
RÍO: Gracias, amigo.
LEÑADOR: Una cosa si es segura, y es que el árbol debemos cuidar.
AVE QUE CANTA: Él es agua, él es aire y por supuesto nuestro hogar.
ÁRBOL POETA: Siembren árboles con gran destreza, cuidemos la naturaleza, que es nuestra mayor riqueza.
RÍO: Cuidarla para el hombre será una gran proeza.
(Música, salen. Luego pasa Riachuelo y finalmente manantial persiguiendo una mariposa).

La Diabetes y la Insulina

Personajes:
Diabetes
Insulina
Dr. Aristigueta
Enfermera
Doña
Trina
Enfermo

Escenografía: Coloquemos una camilla, escritorio u objetos que nos ambienten un consultorio médico. Sale la diabetes que viste un traje rojo y estrafalario.

DIABETES: ¡Hola! Yo soy la diabetes, y me encantan los dulces; tortas, mentas, dulces y majarete. Los vuelve regordetes y entonces le pico los jarretes. Ja, ja, ja, ja que risa me da. Que se largue la Insulina, si quiere le doy propina, que no se la dé fina y me deje esta mina, que se encuentra en la cocina, para navegar en azúcar sin hacer caso a doctrina. (Entra la enfermera con una caja de Insulina).

ENFERMERA: Ya llegó la Insulina para aliviar a Doña Trina.

DIABETES: Ante esta situación, irse es la solución del que bien atina.
(Sale y entra Doña Trina).

DOÑA TRINA: ¡Ay mijita!, ya llegué, ¿y mi Insulina?, sin ella ¿quién camina?.

ENFERMERA: Aquí está Doña Trina, siéntese en la esquina, cuénteme, dígame cómo le va con lo de la cocina.

DOÑA TRINA: Esta dieta del Dr. Aristigueta ya casi me deja quieta. Cómo extraño mis turrones, la mermelada de fresa que me hacía Teresa y qué decir del arequipe que me endulzaba la gripe.

ENFERMERA: Es por su bien, le aseguro, aunque sea un poco duro. Explíqueme cómo se siente que llegó de repente.

DOÑA TRINA: Debilidad, sudoración y temblores no me dejan pensar en amores, aunque el dolor de cabeza no me da con tanta presteza y la retina, con la insulina, está un poco más fina.

ENFERMERA: Tome, lleve su insulina y se cuida, por favor, Doña Trina.

DOÑA TRINA: Será de esta manera y hay que dejar la flojera, y con mucho fundamento hacernos el tratamiento (sale, entra la diabetes tararcando una canción).

DIABETES: ¡Coman!, coman mucho dulcito, para hacer mi trabajito. Ja, ja, ja.

(Sale la diabetes entra el Dr. Aristigueta, con un paciente en silla de ruedas, el paciente luce un enorme pie).

DR. ARISTIGUETA: ¡Enfermera!, hay que agarrarla suave porque este caso es grave.

ENFERMERA: Ah, buena hinchazón, este pie no tenía ventilación.

ENFERMO: Eso es por la pelazón, no tengo pa' comprar calzón, menos para comprar zapatos de este tamañón.

ENFERMERA: Se ve hinchado.

DR. ARISTIGUETA: ¡Inflamado!

ENFERMERA: ¡Constipado!

DR. ARISTIGUETA: Y usted abrumado.

ENFERMERA: ¡Tribulado!

DR. ARISTIGUETA: ¡Atrapado!

ENFERMERA: ¡Preocupado!

ENFERMO: ¡Amargado!, y entonces cómo le hago, será que me salve un mago.

DR. ARISTIGUETA: A mi paciente estimado, con un poco de cuidado se va a ver desahogado. Primero use zapato adecuado.

ENFERMO: Es que pa' este tamaño no hay suela, ningún zapato me cuela.

DR. ARISTIGUETA: Pues buscaremos hasta donde mi abuela. ¡Segundo!, las uñas no corte, límelas de sur a norte.

ENFERMERA: Y eso para que se porte.

DR. ARISTIGUETA: ¡Tercero!, nada de fuertes sustancias, mejor aguante las ansias, cuidado con el mercurocromo porque va a quedar como un gnomo y ahí sí no lo conoce ni su nono.

ENFERMO: Ni que fuera yo tan mono.

DR. ARISTIGUETA: ¡Cuarto!, cuidado con los callos, porque si no, mejor que lo parta un rayo.

ENFERMO: ¡AY!, ahí sí mejor me desmayo.

DR. ARISTIGUETA: Y por último, descalzo no camine, para que su vida no arruine, cuide sus pies con ternura para luego evitar la tristura. (Sale la diabetes).

DIABETES: Y coma mucha fritura.

DR. ARISTIGUETA: ¡Enfermera! Para que esta no más se entrometa, llame a nuestra arma secreta. (La enfermera silba y sale en escena la insulina, viste de blanco con capa y lleva un mazo en la mano)

INSULINA: Yo soy la insulina, la que siempre atina y no soy una sifrina.

DIABETES: Esto no me gusta, y esta sí me asusta, me voy por la derecha, antes que se encienda la mecha.

INSULINA: ¡Detente bribona!, no dañarás más a mi nona, ni tampoco a Ramona (le pega con el mazo a la diabetes).

DIABETES: ¡Ay!, no se ponga molesta y no me dé por la testa, todo era una pequeña broma, ¡ay!, mejor me voy por la loma.

INSULINA: ¡Toma! Y vete para Roma (salen).

DR. ARISTIGUETA: La diabetes se evita, sin poco de azúcar a tu dieta le quitas.

ENFERMERA: Comamos vegetales, no seamos tan animales.

DR. ARISTIGUETA: Una dieta balanceada es la más deseada.

ENFERMO: Y nada de confitadas.

DR. ARISTIGUETA: Tengamos fundamentos con nuestro alimento. Para vivir saludables con nuestro estómago hay que ser amables y nuestra salud será respetable.

La faena

Personajes:
Mano Bonifacio
Mano Fortunato
Chepe (un muchacho de unos diez o doce años)
Mana Rosa
Muchacha
Otros peones con la indumentaria de Bonifacio y Fortunato.

Escenografia: Ambientación de un cafetal, unas pocas plantas y un telón de fondo con otras plantas pintadas. Se escucha la canción "moliendo café", Mano Bonifacio entra silbando una canción. Trae amarrado en su cintura un cesto, usa sombrero, botas plásticas y un plástico transparente le cubre su espalda

MANO BONIFACIO: (Cantando) Carmen la contaba 16 años, Carmen la más hermosa de la praderaaaa, que hermosa eraaaa, que hermosa eraaa…, pues si este pipeo no ha salido tan malo, ya hemos recogido unas cuantas cargas de cafecito. Dios mío, pa' pagar deudas. Ole, ¿y Fortunato donde se quedaría?… ¡Mano Fortunato!, ¡ole dónde anda!, ¡ala contestá!, ¿dónde te *quedates*?

MANO FORTUNATO: (Desde adentro) ¡deja la bulla! Mano Bonifacio vusté parece pendejo, ya voy pa' allá.

MANO BONIFACIO: Ay compadre, no se ponga a decir marranadas en el cafetal porque después espantan.

MANO FORTUNATO: (saliendo) qué van a estar espantando, eso es en la noche, y ¿no ve que es de día? Eso es en el conuco del finao' Ezequiel, allá si asustan.

MANO BONIFACIO: Pues claro, no ve que los condenaos peones dejaban el café regao' en el piso y se la pasaban diciendo marranadas en el cafetal.

Por allá no podía uno pasar despúes de las seis, porque si no se conseguía uno el ánima sola.

MANO FORTUNATO: ¡Calle compadrito! Mejor dejar los espíritus quietos. Y ¿Qué cómo va el pipeo?

MANO BONIFACIO: Pues ni tan mal. Algo se hace, ¿y la otra gente?

MANO FORTUNATO: Tan pa' arriba, por los otros surcos. Ojalá no metan tanta pipa verde.

MANO BONIFACIO: Es que esto de sembrar café es fregao, mire, si usté' no recoge el café rápido lo quema la lluvia, y ni pensar en la broca.

MANO FORTUNATO: ¡Uy compadre, calle la boca!

MANO BONIFACIO: Que si la roya.

MANO FORTUNATO: ¡Ahí sí que quedamos en la olla!

MANO BONIFACIO: Que si el ojo e gallo.

MANO FORTUNATO: Pa' que, mejor me callo, mire compadre mejor ni hable de esas plagas, mejor, mire ahí está dejando pepas en el suelo, ese también vale plata.

MANO BONIFACIO: ya hay dos carguitas pa' llevar pa' la PACA. Mira, vos sabés que el viejo Laurencio se compró una máquina nueva para pelar el café seco.

MANO FORTUNATO: ¡Dígame!, eso queda el café pergamino bien bonito. ¿No ve que a ellos les gusta es que uno les lleve el café listo pa' tostar?

MANO BONIFACIO: Con todo el trabajo que lleva esta cosa: recogerlo, descerezarlo, secarlo, y llevarle la purita semillita pelada. O sea pues, el café pergamino.

MANO FORTUNATO: Ala, ¿y el chepe?, tengo rato que no lo topo.

MANO BONIFACIO: Ese mico es más atolondrado, andará trepao' tragando guamas. (Entra Chepe pegando gritos)

CHEPE: ¡Ay que me pica, casi me pica!, ¡susto!, era grandísima.

MANO FORTUNATO: ¡Epa!, ¡carajo!, ¿qué le pasa?

MANO BONIFACIO: ¡Muchacho! que nos mata del susto, ¿a ver qué le pico?

MANO FORTUNATO: Un zancudo.

MANO BONIFACIO: Una avispa seguro.

CHEPE: ¡Una Víbora Mano Fortuna!, una víbora, Yo creo que era una tigra, tenía muchas rayas.

MANO FORTUNATO: ¿y por eso todo ese escándalo?, (le da un sombrerazo) pingo atolondrado.

MANO BONIFACIO: La verda' que tengo bastante tiempo que no me topo una culebra en este cafetal. Por ahí sale es la cascabel. O el guayacán. Y esas bichas sí que son peligrosas.

MANO FORTUNATO: Bonifacio dame tantico chimó, (saca una bola de chimó y le da), venga este muchacho, (le unta en las botas) va a ver como no se le acerca ni la pecueca.

CHEPE: Era una bicha bien grande.

MANO FORTUNATO: Ya deje el aspaviento y agarre ese surco de allá y no agarre tanta pepa verde, mire todas las que lleva, tenga cuidao', hágalo despacio. No hay apuro.

CHEPE: Ta bien, pero tengo hambre.

MANO BONIFACIO: Ole sí, ¿qué habrá pasado con el puntal? Se perdería la patrona en el cafetal.

MANO FORTUNATO: La verdad que no caería mal un cafecito.

CHEPE: Ahí está Mana Rosa con la comida.

MANO FORTUNATO: Eso sí, porque vos pa' jartar sí sos bueno.

MANA ROSA: (Sale con ollas y bolsos de tela) Uff, qué camino más largo. Este cafetal siempre grande, ya la gente de arriba se comió sus frijolitos con pata de marrano.

CHEPE: Uy, con lo sabrosa que es la pata de marrano con frijoles.

MANO FORTUNATO: Coma mijo pa' que agarre fuerza que la faena es larga.

MANA ROSA: Esta, muchacha, pase ahí el café pa' dale a los señores.

MANO BONIFACIO: A mí me da una quiriquita no más. El café me está haciendo daño.

MUCHACHA: Este café esta guayoyito.

MANA ROSA: Sí, eso nada más que se le echo una migajita de café, pero eso está bien dulcito.

CHEPE: Yo también quiero.

MUCHACHA: Ay Chepe se fregó, lo que quedó fue una quiriquita.

MANA ROSA: Mija, sírvale ahí al compadre Bonifacio.

BONIFACIO: Gracias comadre, se ve bien güeno ese bicho (se oyen gritos, voces).

VOZ DE PEON: (Cantando) ahí vienen desde la falda los jornaleros.

VOZ DE OTRO PEON: El café va desgranando pa' llevar su sustento

VARIAS VOCES: El café va desgranando pa' llevar su sustento (salen varios peones con vestuario similar al de Bonifacio y Fortunato).

PEON: En la finca de Fortunato el café ya está pipiando.

OTRO PEON: Las mulas se están cargando con fruto de la tierra.

OTRO PEON: El cafetal es nuestra vida y nuestro sustento.

TODOS: El café es nuestra vida y nuestro sustento.

PEON: ¡EO!

TODOS: ¡¡EO!!

PEON: ¡IA!

TODOS: ¡¡IA!!

PEON: Vamos al cafetal.

TODOS: ¡VAMOS AL CAFETAL!

(Se escucha la canción moliendo café, se puede complementar la obra con una representación de danza)

Bolívar y Miranda 1810

Personajes:
Bolívar
Miranda
Ignorancia
Sabiduría
Niña bonita
Niño gordo
Niño flaco
Un grupo de danza

Escenografía: una sala con algunos objetos de la época colonial. Podemos ubicar uno o dos muebles en la escuela, una mesa de centro y una pequeña alfombra para la ambientación (entran Bolívar y Miranda).

BOLÍVAR: Bienvenido a mi humilde casa generalísimo.

MIRANDA: Es un honor, mi estimado amigo Bolívar.

BOLÍVAR: No haga caso de la apatía del pueblo, son tres siglos de dominio español, tras una sangrienta conquista y saqueo (sale un extraño personaje de capa negra).

IGNORANCIA: Ja, ja, ja. Soy la ignorancia y con gran arrogancia, represento la traición, la envidia, la codicia, la muerte, para darles mala suerte. Estoy en el presente, en el pasado y en el futuro y les aseguro que jamás habrá libertad, es la purita verdad…, ja, ja, ja (sale).

MIRANDA: Todo inicio es difícil, yo viví una experiencia similar en Coro hace algunos años… Al desembarcar solo encontré soledad; nadie salió a recibirme. Es necesario educar al pueblo para que comprenda el valor de la libertad.

BOLÍVAR: Pues mi generalísimo, usted como hombre de grandes batallas, conocedor de la cultura y la geografía europea, amigo de George Washington, de Napoleón Bonaparte, Catalina la Grande y grandes figuras del mundo actual, comprenderá que la tarea que emprendemos no será nada fácil. El pueblo será educado para la libertad.

IGNORANCIA: ¡Pueblo ignorante!, vagará siempre en la ignorancia y yo sacaré ganancia serán víctimas del imperio, pobres infelices y sus días serán grises, ja, ja, ja…

MIRANDA: Bueno, tengo una gran biblioteca de aproximadamente unos seis mil volúmenes, entre los cuales figuran los clásicos griegos, pienso donar esta biblioteca a mi país para que contribuya a la formación de los nuevos valores que necesitamos.

BOLÍVAR: Es un gesto muy noble por la causa de la libertad.

MIRANDA: La lucha, por la libertad será larga y ardua, el enemigo es fuerte.

BOLÍVAR: Y ¿qué es un mundo sin libertad?, general, es preferible estar muerto que vivir en esclavitud.

IGNORANCIA ¿Libertad?, ¿qué libertad? Ningún pueblo será liberado. Vivirán esclavos de sus ambiciones, de la envidia, del consumismo exacerbado y vivirán constipados ¡Libertad!, ¿para que la libertad?, mejor vivir en la oscuridad

MIRANDA: He dejado en la isla de Trinidad una fabulosa imprenta que estoy seguro servirá para nuestra causa. Los ideales de libertad deberán ser difundidos a todos los rincones de la patria.

BOLÍVAR: Esa es una muy alentadora noticia general Miranda, este año 1810 marcará acontecimientos importantes que quedarán registrados en la historia.

MIRANDA: Los realistas no se dejarán despojar del poder que han ostentado por trescientos largos años, debemos ser cautelosos.

BOLÍVAR: Sí, hay provincias como Maracaibo, Coro y Guayana que siempre han sido fieles al poder español. Debemos procurar un sistema de gobierno democrático, con poderes públicos que representen la sociedad, un estado al servicio del pueblo.

IGNORANCIA: ¡Ja!, y el pueblo elegirá gobernantes muy petulantes que con sus políticas e impuestos cuidarán sus

> puestos, tendrán los pueblos esclavizados, aunque estén enamorados, y pensadores idearán sistemas de gobierno que beneficiarán siempre a las clases altas de la sociedad, para enriquecerse hasta la saciedad (sale).

MIRANDA: Veo en usted, joven Bolívar, la posibilidad de crear un mundo nuevo, libre de las cadenas que nos oprimen.

BOLÍVAR: Nos esperan años de grandes luchas y sacrificios.

MIRANDA: Pasarán muchos años para que el pueblo americano reconozca la noble obra de los hombres que en este momento están labrando su futuro.

BOLÍVAR: Entonces, manos a la obra generalísimo… América espera por su Libertad (salen).

IGNORANCIA: ¡Necios!, No lo lograrán, sé que no lo lograran y se cansarán. Tendrán en su contra al tiempo, la codicia, la traición: esa es mi premonición. Ja, ja, ja…, y al final todos los pueblos se dividirán por ostentar el poder, los partidos políticos se van a corromper y el pueblo aglomerado en la miseria quedará atontado. Deberán conformarse con los despojos que les dejen los gobiernos flojos, y morirán miles y miles y jamás comprenderán el significado de la palabra "libertad". Es la purita verdad. Ja, ja, ja, ja.

Acto II

La escenografía anterior desaparece, queda el espacio vacío. Solo hay dos módulos o cajones cuadrados en el fondo. Se oyen ruidos de batalla. Gritos, disparos de fusil y de cañón. Hay una breve pausa de silencio. Sale Miranda encadenado y escoltado por unos soldados y nuevamente se escuchan gritos y disparos. Otra vez un silencio y la ignorancia se lleva a Bolívar. Una marcha triunfal le da la bienvenida a niño gordo, niño flaco y niña bonita que visten su uniforme escolar y portan la bandera nacional.

Acto III

NIÑA BONITA: Miren, que bella bandera nos dejó el generalísimo.

NIÑO GORDO: Un tricolor bellísimo.

NIÑO FLACO: Ah, Miranda…, precursor de la independencia.

NIÑA BONITA: La libertad sembraste en nuestro corazón y en nuestra conciencia.

NIÑO GORDO: Allá en el Monte Sacro, se hizo un juramento.

NIÑO FLACO: Fue Bolívar, lo hizo con sentimiento.

NIÑA BONITA: Juró romper las cadenas que oprimían esta tierra de gracia.

NIÑO GORDO: Pichincha, Carabobo, Junín, Boyacá fueron muestra de su Audacia.

NIÑA BONITA: ¡Viva la América libre!

NIÑO GORDO: ¡Vivan la libertad y la justicia!

NIÑO FLACO: Y que ya no haya más malicia. (sale la ignorancia)

IGNORANCIA: Y aquí está la ignorancia que reinar en América ansia.

Miren, ¿ven mi elegancia?, ja, ja, ja. Pobres tontuelos, sus sueños tomarán vuelos y no se cumplirán sus anhelos (música de fondo que le da la bienvenida a la sabiduría que luce un bellos traje).

SABIDURÍA: Ah, ignorancia canalla, los anhelos del pueblo nadie calla.

IGNORANCIA: ¿Y de dónde salió esta beldad?, que se vaya tiene cara de bondad.

SABIDURÍA: No escuchen las mentiras que dice, quien obra bien Dios lo bendice.

IGNORANCIA: Mira sabiduría, te sientes muy sabia, deja la labia y vete para Arabia. Brrr, antes que me de rabia.

SABIDURÍA: Que la paz, la libertad y la justicia en América brille para que nadie la humille.

IGNORANCIA: ¿Libertad?, ¿qué libertad?, reinará será la maldad y viviré en gran comodidad.

SABIDURÍA: Ignorancia pobre, siempre habrá quien bien obre. Para que la felicidad sobre.

NIÑA BONITA: Ahí viene Simón Bolívar, que lucha por nuestra libertad.

NIÑO FLACO: Lo hace con humildad.

NIÑO GORDO: Y con muchísima bondad (sale Simón Bolívar)

BOLÍVAR: Moral y luces son nuestras primeras necesidades (se sitúa sobre un pódium o módulo).

IGNORANCIA: ¿Y qué son esas necedades? (sale Francisco Miranda)

NIÑA BONITA: Es don Francisco Miranda, precursor de la independencia.

NIÑO FLACO: Quien luchó con paciencia.

NIÑO GORDO: Para darnos autosuficiencia.

MIRANDA: Ningún pueblo sin filosofía y gran instrucción podrá preservar su libertad.

IGNORANCIA: ¡Qué!, eso no es verdad, mejor vivir con comodidad que mande aquí su majestad, la conformidad.

NIÑA BONITA: Mejor llamamos la sanidad.

NIÑO FLACO: Y que le echen a este personaje un baño para que no vuelva en mil años.

NIÑO GORDO: Y que ya no haga más daño.

IGNORANCIA: ¿Por qué? Si yo aquí me amaño.

SABIDURÍA: La América unida, tendrá una nueva vida, romperá las cadenas y ya no habrá más penas, y si vuelve el tirano, tomados de la mano, despedimos al villano. Las ideas del libertador que brillen con esplendor, y de Miranda su bandera, cobije la patria entera.

IGNORANCIA: Quedarme aquí quisiera, pero ya esta es otra era, mejor me voy para afuera. ¡Ay mamacita nadie me quiere! (sale)

NIÑA BONITA: Adiós y nunca regreses.

NIÑO GORDO. La libertad nunca perece.

NIÑO FLACO: Celebremos como se merece (se escucha el canto Venezuela. Un grupo de danza aparece en escena, al finalizar la canción todos salen).

REFERENCIAS

ARAQUE, Carlos. *Razonamientos y desvaríos en torno a la pedagogía teatral*. Revista colombiana de las Artes escénicas, 2009. Disponible en: http://200.21.104.25/artescenicas/downloads/artesescenicas3_…

EDICIÓN ESPECIAL. *Sencillamente Aquiles*. Caracas, Monte Ávila Editores, 2010.

EINES, Jorge y MANTOVANI, Alfredo. *Didáctica de la dramatización*. Madrid, Editorial Gedisa, 1997.

GARCIA, Clara y VALENCIA, Alba. *Teatro infantil escolar, una herramienta psicopedagógica*. México, editorial Trillas, 2006.

GUZMÁN, Antonio. *Introducción al teatro griego*. Madrid, Editorial Alianza, 2005.

ICLE, Cilberto. *Pedagogía teatral, situación pedagógica e inquietud de sí*. 2° congreso internacional de didácticas, 2010. Disponible en: http://www.slideshare.net/guest88d93e/pedagoga-teatral.

INSTITUTO CUBANO DEL LIBRO. *Para hacer teatro*. Caracas, Editorial el Perro y la Rana, 2006.

LAGOS, Rosemary. *Pedagogía teatral, aprendizaje lúdico y activo*. Presentación. 2011. Disponible en: http://www.slideshare.net/guest88d93e/pedagoga-teatral

MANE, Bernardo. *Teatro creación y técnica del espectáculo infantil.* Zaragoza, España, Editorial Latina, S. A. 1977.

MARTÍNEZ, Igor. ¡Qué suba el telón!, La dramatización: una estrategia para el trabajo por proyectos. Caracas, Ediciones el Nacional. 2010.

PÉREZ, Manuel. *La dramatización como recursos clave en el proceso de enseñanza y adquisición de las lenguas.* "Glosas didácticas", revista electrónica internacional, 2004. Disponible en: http://www.um.es/glosasdidacticas/GD14/completo.pdf

STANISLAVSKY, Constantin. *Manual del actor, recopilación alfabética de consideraciones concisas sobre aspectos de la actuación.* México, Editorial Diana, 1983, 13ª edición.

SUBERO, Efraín. (1977). *La literatura infantil en el mundo hispanoamericano".* Caracas, Fundación Editorial el Perro y la Rana, 2009.

UNIVERSIDAD EXPERIMENTAL LIBERTADOR. *Música y artes escénicas.* Caracas, Fondo Editorial de la UPEL, 1996, 2 volúmenes.

NELSON GARZÓN

Nace en Medellín, Colombia (1968). Licenciado en educación integral de la Universidad Nacional Abierta, Magister en Museología de la Universidad Francisco de Miranda del estado Falcón. Inicia su actividad cultural al lado de músicos populares. Realiza estudios de teoría y solfeo, preparatoria de piano, cuatro y guitarra. Forma parte de la primera Orquesta Sinfónica Simón Bolívar del Táchira Núcleo Colón en la cual se desempeña como violonchelista por tres años. Junto a un grupo de artistas participa en la creación de la Fundación de Artistas Colonenses, la cual preside por tres años con la consolidación de varias agrupaciones culturales en música, teatro, danza, artes plásticas, literatura y otras expresiones. Funda a final de los noventa la Galería de Arte el Punto, importante espacio expositivo en el cual se ha mostrado la obra de artistas locales y de todas las regiones de Venezuela. Incursiona en el teatro gracias al grupo zapatilla teatro, realiza varios talleres en la compañía regional de teatro y la escuela regional de teatro en San Cristóbal, Estado Táchira, dirige varias agrupaciones como el grupo de teatro experimental UNA Táchira, el grupo TELA y el Zapatilla Teatro

Grupo Experimental. Es Docente de teatro en el tecnológico Agustín Codazzi en Barinas. Realiza estudios de dibujo y pintura en la escuela Tito Salas, en Coro estado Falcón, y con el artista plástico Nicasio Duno. En el desarrollo de su obra se inclina por el trabajo monocromático tomando el color negro como propuesta plástica, esto lo ha hecho merecedor de varios reconocimientos y premios en Colombia y Venezuela. Se ha desempeñado como docente de Teatro Escolar y directivo de varias instituciones educativas. Ha publicado: "Dos Obras para el Bicentenario" Consulado de Venezuela en Cúcuta, 2011 "Vamos a Imaginar, Teatro para la Escuela", Editorial el Perro y la Rana. Caracas, 2015, "Teatro Necesario, Escolar y Liceísta. Ministerio de Educación. Caracas 2015. "Teatro Histórico" Ministerio de Educación. Caracas 2016. Teatro Eco-lógico, Editorial Madriguera, Coro, Falcón, 2017.

www.ingramcontent.com/pod-product-compliance
Lightning Source LLC
Chambersburg PA
CBHW081401130726
47998CB00011B/3033